国之重器出版工程

制造强国建设

2019—2020 年中国工业和信息化发展系列蓝皮书

2019—2020 年中国工业技术创新发展蓝皮书

中国电子信息产业发展研究院 **编 著**

王 鹏 **主 编**

何 颖 曹 方 **副主编**

電子工業出版社

Publishing House of Electronics Industry

北京 · BEIJING

内容简介

本书客观翔实地反映了中国工业技术创新的最新动向、特点与趋势，描述了中国工业在技术创新及质量品牌等方面取得的进展与成就，同时对工业技术创新发展状况、工业技术创新发展政策环境、工业技术创新发展形势等进行了科学预判。希望通过本书，读者可以从不同角度领略中国工业技术创新的魅力和风采。

图书在版编目（CIP）数据

2019—2020年中国工业技术创新发展蓝皮书 / 中国电子信息产业发展研究院编著；王鹏主编. —北京：电子工业出版社，2020.12

（2019—2020年中国工业和信息化发展系列蓝皮书）

ISBN 978-7-121-40037-7

Ⅰ. ①2… Ⅱ. ①中… ②王… Ⅲ. ①工业技术－技术革新－研究报告－中国－2019-2020 Ⅳ. ①F424.3

中国版本图书馆CIP数据核字（2020）第234480号

责任编辑：管晓伟
印　　刷：固安县铭成印刷有限公司
装　　订：固安县铭成印刷有限公司
出版发行：电子工业出版社
　　　　　北京市海淀区万寿路173信箱　　邮编：100036
开　　本：720×1 000　1/16　印张：11.75　字数：301千字　彩插：1
版　　次：2020年12月第1版
印　　次：2020年12月第1次印刷
定　　价：198.00元

凡所购买电子工业出版社图书有缺损问题，请向购买书店调换。若书店售缺，请与本社发行部联系，联系及邮购电话：（010）88254888，88258888。

质量投诉请发邮件至zlts@phei.com.cn，盗版侵权举报请发邮件至dbqq@phei.com.cn。

本书咨询联系方式：（010）88254460，guanxw@phei.com.cn。

《国之重器出版工程》
编辑委员会

专家委员会委员（按姓氏笔画排列）：

于　全	中国工程院院士
王　越	中国科学院院士、中国工程院院士
王小谟	中国工程院院士
王少萍	“长江学者奖励计划”特聘教授
王建民	清华大学软件学院院长
王哲荣	中国工程院院士
尤肖虎	“长江学者奖励计划”特聘教授
邓玉林	国际宇航科学院院士
邓宗全	中国工程院院士
甘晓华	中国工程院院士
叶培建	人民科学家、中国科学院院士
朱英富	中国工程院院士
朵英贤	中国工程院院士
邬贺铨	中国工程院院士
刘大响	中国工程院院士
刘辛军	“长江学者奖励计划”特聘教授
刘怡昕	中国工程院院士
刘韵洁	中国工程院院士
孙逢春	中国工程院院士
苏东林	中国工程院院士
苏彦庆	“长江学者奖励计划”特聘教授
苏哲子	中国工程院院士
李寿平	国际宇航科学院院士

郑纬民 中国工程院院士
郑建华 中国科学院院士
屈贤明 国家制造强国建设战略咨询委员会委员、工业和信息化部智能制造专家咨询委员会副主任
项昌乐 中国工程院院士
赵沁平 中国工程院院士
郝　跃 中国科学院院士
柳百成 中国工程院院士
段海滨 “长江学者奖励计划”特聘教授
侯增广 国家杰出青年科学基金获得者
闻雪友 中国工程院院士
姜会林 中国工程院院士
徐德民 中国工程院院士
唐长红 中国工程院院士
黄　维 中国科学院院士
黄卫东 “长江学者奖励计划”特聘教授
黄先祥 中国工程院院士
康　锐 “长江学者奖励计划”特聘教授
董景辰 工业和信息化部智能制造专家咨询委员会委员
焦宗夏 “长江学者奖励计划”特聘教授
谭春林 航天系统开发总师

前言

当前，世界竞争格局发生众多变化，全球主要发达国家在人工智能、量子通信、生物科学、高端装备制造等新兴技术领域不断加强战略部署，意图利用颠覆性的科技创新进一步刺激产业增长，提高国家竞争力。2019年，全球科技创新步伐加快，人工智能、数字经济、量子通信、5G、区块链、生物技术等新技术方兴未艾，这些新兴产业正在重新定义未来的全球竞争格局。世界各国进一步完善顶层设计，加快布局产业领域科技创新，加强自身在科技创新领域的人、财、物投入，纷纷将制造业“再回归”和创新驱动战略作为争夺未来产业话语权的“生命线”，针对创新资源和创新成果展开了激烈的竞争，以期在新的世界发展格局中占据有利地位。科学技术领域成为各国国力竞争的主战场，美国制定《维持美国在人工智能领域的领导地位》《国家人工智能研发战略计划（2019年更新版）》《美国如何领导人工智能：联邦参与制定技术标准和相关工具的计划》等一系列促进人工智能产业发展的政策和计划；德国发布《联邦政府人工智能战略要点》《联邦政府区块链战略》等文件，推动人工智能和区块链技术发展；法国积极计划制定首份国家研究战略，意图确保法国仍是科学强国地位；俄罗斯正式实施“科学”国家项目，提升科技创新实力；韩国发布《数据与人工智能经济激活计划（2019—2023年）》《国家网络安全战略》等文件，支持信息技术和信息安全发展。

在党中央、国务院的高度重视和大力支持下，我国创新体系、创新环境、创新生态不断优化，创新观念与时俱进。2019 年，我国工业技术创新体系进一步完善，工业技术创新要素投入总量持续增加，工业技术创新能力持续提升，创新成果不断涌现，科技创新成为推动经济社会高质量发展的关键力量，技术创新成为牵动我国发展全局的“牛鼻子”，科技创新成为我们同疾病较量最有力的武器。疫情防控时，物联网、大数据、人工智能、云计算等智慧城市相关技术，在疫情监测分析、病毒溯源、防控救治、资源调配等方面发挥了重要支撑作用。制造业创新中心建设方面，截至 2019 年年底，工业和信息化部已批复建设了动力电池、增材制造、信息光电子、印刷及柔性显示、机器人、集成电路、智能传感器、数字化设计与制造、轻量化材料成型技术及装备、先进轨道交通装备、智能网联汽车、农机装备、先进功能纤维 13 家国家制造业创新中心。工业质量发展方面，中央政府修正相关法律法规、发布相关政策文件、开展相关质量提升活动，营造工业质量发展良好环境；各地政府深入开展质量提升行动；全国质量奖、地方质量奖、全国质量标杆持续发挥高质量发展榜样作用。工业品牌发展方面，国家品牌培育工作持续推进，区域品牌建设成效显著，企业品牌的国际化和高端化取得新进展。

2019 年 10 月 31 日，党的十九届四中全会做出关于坚持和完善中国特色社会主义制度、推进国家治理体系和治理能力现代化若干重大问题的决定，对完善科技创新体制机制、加快建设创新型国家提出了明确要求：弘扬科学精神和工匠精神，加快建设创新型国家，强化国家战略科技力量，健全国家实验室体系，构建社会主义市场经济条件下关键核心技术攻关新型举国体制，为促进科技创新、引领制造业高质量发展，充分发挥引擎作用。2019 年，我国围绕技术创新体系发布了一系列政策措施，深化实施创新驱动发展战略。在创新主体方面，推进“双创”升级，加强对民营和小微企业各项扶持政策的力度，强化企业创新主体地位；在创新支撑方面，大力推进工业互联网等行业标准体系、金融保险政策等的建设，打造创新活动开展的条件；在创新环境方面，持续加强外资利用、全面对外开放等环境建设，提升企业创新动力；在创新体制机制方面，继续深化科技体制改革，完善区域科技创新

先行先试机制，加速破解体制机制障碍，形成全面深化改革和创新驱动发展的新局面。

2020 年是我国“十三五”规划收官之年，也是实现第一个百年目标决胜之年，更是“十四五”规划布局之年。虽然 2020 年年初爆发的新冠肺炎疫情导致我国工业技术创新在短期内受到了一些冲击，但工业质量长期发展态势依然缓中趋稳。同时，随着国内外竞争加剧，党中央、国务院和有关部门发布多项政策措施，满足人民日益增长的美好生活需要，以及应对发展中国家和发达国家的两端夹击。2020 年，我国将进一步深入贯彻高质量发展理念，践行制造强国、质量强国战略，工业质量将愈发受到各界的广泛重视，质量管理也正在向精益化发展。

2019 年，在以习近平同志为核心的党中央坚强领导下，我国的创新活力不断释放，科技创新实力稳步提升，制造业持续高质量发展。2020 年，在新基建快速发展和高度重视科技创新的良好氛围下，新一代信息技术将与工业质量发展相关因素进一步深度融合，科技创新将助力工业质量快速提升。本书客观、翔实地反映了中国工业技术创新的最新动向、特点与趋势，希望通过本书，读者可以从不同角度领略中国工业技术创新的魅力和风采。

目录

综　合　篇

行　业　篇

地　方　篇

政　策　篇

展　望　篇

综 合 篇

第一章

2019 年世界工业技术创新发展状况

当今世界正经历百年未有之大变局。科技创新作为经济发展的内生动力，深刻影响着人类社会的方方面面。回顾 2019 年科技进展，便于人们站在新的历史坐标上，开展新一轮国际科技创新合作，推动人类命运共同体的构建。2019 年，全球科技创新步伐加快，人工智能、数字经济、量子通信、5G、区块链、生物技术等新技术方兴未艾，更短的产品生命周期、颠覆性的商业模式、新的合作战略，以及全球化的研发和供应链，这些新兴产业和新形式正在重新定义未来的全球竞争格局。

第一节　世界工业技术创新情况

一、科技创新成为各国国力竞争的主战场

2019 年，世界主要国家之间的关系发生了众多变化，科学技术领域成为各国国力竞争的主战场。

（一）美国将人工智能作为首要攻关领域

2019 年，美国将人工智能放在了科技创新舞台的中心。特朗普在国情咨文中强调，要确保美国在人工智能等新兴技术方面的领导地位。2019 年 2 月，特朗普签署《维持美国在人工智能领域的领导地位》，启动了“美国人工智能倡议”，从国家战略层面提出美国政府未来发展人工智能的指导原则。2019 年 6 月，美国国家科学技术委员会人工智能问题特别委员会推出了《国家人工智能研发战略计划（2019 年更新版）》，为联邦政府资助的人工智能研究确立了八大战略优先事项。2019 年 8 月，美国国家标准与技术研究所发布了《美

国如何领导人工智能：联邦参与制定技术标准和相关工具的计划》，就政府如何制定人工智能技术和道德标准提出指导意见。2019 年 10 月，美国国防部国防创新委员会通过了《人工智能原则：国防部人工智能应用伦理的若干建议》，提出了“负责、公平、可追踪、可靠、可控”五大原则。这一系列政策举措彰显了美国欲在人工智能领域称霸的决心，也有力地推动了美国人工智能产业的发展。

（二）德国推动人工智能与区块链技术发展

2019 年，德国科技政策呈现三大亮点：一是大力推进人工智能技术发展。2018 年 11 月，德国发布了《联邦政府人工智能战略要点》，2019 年德国政府拨款 5 亿欧元用于人工智能领域的研究和应用。此后，德国各部委相继出台措施以支持人工智能发展，德国经济部出资 1.5 亿欧元用于人工智能领域研发的奖励机制；德国教研部将人工智能确定为 2019 科学年主题；同时，德国大力推进科学数据基础设施建设，选定建设 30 家科学数据中心，并计划未来 10 年每年资助 8500 万欧元。二是支持区块链技术创新发展。2019 年 9 月，德国发布《联邦政府区块链战略》，提出 5 大领域共 44 项行动措施，包括在金融领域确保稳定并刺激创新；支持技术创新项目与应用实验；制定清晰可靠的投资框架；加强数字行政服务领域的技术应用；传播普及区块链相关信息与知识，加强有关教育培训及合作等。此外，2019 年，德国发布《数字化战略 2025》，首次明确加强政府数据管理、建设安全高效的政务网络基础设施等 9 项任务；加强构建高校和研究机构数字化设施和网络的力度。

（三）法国重视人才培养和计划启动数字税

2019 年 2 月，原法国总理爱德华在国家科学研究中心成立 80 周年大会上公布，将制定国家研究战略，并于 2021 年开始实施，该战略旨在为各级科学家提供稳定的资金资助和更好的职业前景，“确保法国仍是科学强国”。2019 年 10 月，法国开始实施数字税，向包括谷歌、苹果、Facebook、亚马逊等在内的 30 余家全球数字业务营业收入不低于 7.5 亿欧元，且在法营业收入超过 2500 万欧元的互联网企业征收相当于其在法营业额 3%的数字税。此后，特朗普以美国科技公司受到“不公平”对待为由，首次对法国发起“301 调查”，并扬言要对法国实施单边制裁措施。不过，欧盟和法国均表态，一旦美国启动关税，将准备还击。预计，数字税政策引发的贸易摩擦将延续到 2021 年。

（四）俄罗斯启动实施“科学”国家项目

2019年，俄罗斯正式实施“科学”国家项目，该项目有3个目标：一是到2024年，俄罗斯应在重点科学领域进入世界前5强；二是吸引俄罗斯和国外科学家，以及年轻有前途的研究人员赴俄工作；三是科研投入的增幅要超过国内生产总值的增幅。为此，俄罗斯正在加紧建设15个世界级科学教育中心，同时，在计划新建立的150多个实验室中，设立了1500个科研项目，其中超过半数的项目将由年轻科研人员负责。2019年4月，俄罗斯发布《2019—2027年俄罗斯联邦基因技术发展计划》，计划投资112亿卢布（约1.75亿美元），到2027年支持新建65个世界一流实验室，聚焦攻克37个领域展开基因技术。此外，俄罗斯高度重视5G技术发展。根据“俄罗斯联邦数字经济”国家计划，到2021年，俄罗斯将在10个百万人口以上的城市建立5G网络；到2024年，在俄罗斯所有主要城市建立5G网络。

（五）韩国注重信息技术和信息安全发展

2019年，韩国受到日本半导体产业关键原材料向韩出口限制的影响较为严重，对此，韩国提出了提高材料、零部件、设备竞争力的一系列对策，计划到2022年，相关领域的政府研发预算将增加1倍，至500万亿韩元。2019年1月，韩国科技信息通信部还公布了《数据与人工智能经济激活计划（2019—2023年）》，计划将数据产业规模将从当前的14万亿韩元扩大至2023年的30万亿韩元，培养出1万名人工智能专业人才，建立100家大数据中心、10个大数据平台。2019年4月，韩国公布了《国家网络安全战略》，以应对5G时代的网络安全风险，该战略提出，政府层面需解决的六大网络安全战略课题，并分解为各职能机构需要落实的18个重点课题和100个细分课题。2019年5月，韩国发布《第七次产业技术创新计划（2019—2023）》，确定了未来5年产业技术研发的中长期政策目标和投资计划，确定了优化投资战略，提升行业全球竞争力；建立领先的产业创新技术开发体系；构建产业技术基地，提升国家创新体系；构建支持研发成果快速进入市场的体系四大发展战略。

二、2019年全球创新指数

（一）全球创新的地理格局正在逐渐转变

世界知识产权组织（WIPO）与合作伙伴在印度新德里发布2019年全球

创新指数（Global Innovation Index，GII）显示，欧洲国家仍然是全球创新指数最高的地区，紧接着依然是北美和东南亚、东亚和大洋洲，创新能力较弱的地区则包括拉丁美洲和加勒比、撒哈拉以南非洲、中南亚，以及北非和西亚。但 2019 年的创新地理布局正在发生变化，一些中等收入经济体正在崛起。排名前 3 的国家为瑞士、瑞典和美国，其中，瑞士连续 9 年雄踞榜首，在专利申请、知识产权收入和高端技术产品生产方面都处于领先地位，创新成果转化效率极高；瑞典从 2018 年的第 3 位升至 2019 年的第 2 位，其在创新的商业部门与知识技术产出方面具有优势，提交的专利申请数量在国内生产总值中的占比为全球第一；美国在信贷和投资市场领域的表现仍然全球领先，此外，还拥有众多研发密集型跨国企业、顶尖的科学出版物和高等学府，在创新质量方面居全球之首。中国的排名近年来显著提升，从 2018 年的第 17 位升至 2019 年的第 14 位，仍然是中等收入经济体中唯一进入前 30 名的国家。此外，今年 GII 排名发生显著变化的有阿拉伯联合酋长国（第 36 位）、越南（第 42 位）和泰国（第 43 位），这三国接近前 40 名；印度（第 52 位）接近前 50 名；菲律宾（第 54 位）进入前 55 名；以及伊朗伊斯兰共和国（第 61 位）接近前 60 名。2019 年全球创新指数前 20 名如表 1-1 所示。

表 1-1　2019 年全球创新指数前 20 名

国家或地区	得　分	2019 年排名	2018 年排名	地　区
瑞士	67.24	1	1	欧洲
瑞典	63.65	2	3	欧洲
美国	61.73	3	6	北美洲
荷兰	61.44	4	2	欧洲
英国	61.30	5	4	欧洲
芬兰	59.83	6	7	欧洲
丹麦	58.44	7	8	欧洲
新加坡	58.37	8	5	东南亚、东亚和大洋洲
德国	58.19	9	9	欧洲
以色列	57.43	10	11	北非和西亚
韩国	56.55	11	12	东南亚、东亚和大洋洲
爱尔兰	56.10	12	10	欧洲
中国香港	55.54	13	14	东南亚、东亚和大洋洲
中国	55.08	14	17	东南亚、东亚和大洋洲

续表

国家或地区	得　　分	2019年排名	2018年排名	地　　区
日本	54.68	15	13	东南亚、东亚和大洋洲
法国	54.25	16	16	欧洲
加拿大	53.88	17	18	北美洲
卢森堡	53.47	18	15	欧洲
挪威	51.87	19	19	欧洲
冰岛	51.53	20	20	欧洲

数据来源：全球创新指数 2019

（二）全球创新专题：医学创新未来可期

2019 年全球创新指数报告的主题是“打造健康生活——医学创新的未来”。该报告认为，在未来几年，人工智能、基因组学和移动健康应用等医学创新将会颠覆全球医疗保健服务格局。该报告得出了医学创新方面的以下 5 个观点：一是在过去几十年中，全球医药健康领域技术创新进展显著，但仍然有大部分人无法获得优质的服务，全球医药产业距离为所有人提供高质量且负担得起的医疗保健服务仍有距离；二是与医疗技术相关的创新正在蓬勃发展，在过去 10 年中，医疗技术专利数量不断增加，且增长速度超过药品专利增速；三是数字和生物技术的融合给医疗保健带来冲击，使数据集成和管理在整个医疗保健生态系统中越来越重要。新的数字化健康战略需要着力于创建数据基础设施和流程，以实现高效和安全的数据收集、管理和共享；四是新兴市场迎来难得的机遇，可充分利用医学创新并投资新型医疗保健服务供应模式，以缩小自身与更发达市场之间的医疗保健水平差距；五是要想最大限度地发挥未来健康创新的潜力，就必须鼓励主要行为体相互合作，形成创新合力。

（三）中国保持科技创新集群全球第二地位

美国、中国和德国占据科技创新集群排名的前三位；巴西、印度、伊朗、俄罗斯联邦和土耳其也入围百强。2019 年，全球创新集群排名前 10 的集群与 2018 年相同，其中，东京-横滨高居榜首，其次是深圳-香港。美国仍然是集群最多的国家（26 个），其后依次是中国（18 个，比 2018 年多 2 个）、德国（10 个）、法国（5 个）、英国（4 个）和加拿大（4 个）。澳大利亚、印

度、日本、韩国和瑞士各有 3 个集群。排名前 25 的集群中，有 5 个是中国集群，分别是深圳-香港、北京、上海、广州和南京。此外，进入集群数前百名的还有巴西、印度、伊朗、俄罗斯和土耳其这 5 个中等收入经济体。2019 年全球科技创新集群前 25 名如表 1-2 所示。

表 1-2　2019 年全球科技创新集群前 25 名

排　　名	集群区域名称	经　济　体	得　　分
1	东京-横滨	日本	12.62
2	深圳-香港	中国	6.08
3	首尔	韩国	5.58
4	北京	中国	4.95
5	加利福尼亚州圣何塞-旧金山	美国	4.89
6	大阪-神户-京都	日本	3.6
7	马萨诸塞州波士顿-剑桥	美国	2.87
8	纽约州纽约	美国	2.82
9	巴黎	法国	2.47
10	加利福尼亚州圣地亚哥	美国	2.34
11	上海	中国	2.24
12	名古屋	日本	2.22
13	华盛顿哥伦比亚特区-马里兰州巴尔的摩	美国	1.85
14	加利福尼亚州洛杉矶	美国	1.75
15	伦敦	英国	1.68
16	得克萨斯州休斯敦	美国	1.66
17	华盛顿州西雅图	美国	1.48
18	阿姆斯特丹-鹿特丹	荷兰	1.39
19	伊利诺伊州芝加哥	美国	1.31
20	科隆	德国	1.26
21	广州	中国	1.11
22	大田	韩国	1.08
23	特拉维夫-耶路撒冷	以色列	1.06
24	慕尼黑	德国	1.05
25	南京	中国	1.05

数据来源：《2019 年全球创新指数》

第二节　世界工业质量发展情况

一、世界部分发达国家工业质量发展状况和实践经验

（一）德国

德国是世界公认的制造强国，其优势不在于价格，而在于产品的质量、先进的技术及良好的售后服务等。21 世纪，德国率先提出“工业 4.0”战略，引领制造业发展方向。“德国制造”产品因具有高技术含量和高使用价值而享誉全球，成为质量和信誉的代名词。

德国工业质量发展实践经验主要体现在以下 4 个方面。一是自动化、智能化水平。德国利用其在自动化工程与嵌入式系统领域的技术优势，领先探索智能制造，主导新一代工业生产技术话语权。二是质量认证制度。质量认证制度在德国工业质量发展中功不可没。德国 GS 认证是依据德国产品安全法（SGS），按照欧盟统一标准 EN 或德国工业标准 DIN 进行检测的一种自愿性认证，虽然这是一种非强制性的认证，但拥有 GS 标志的产品具有更高的市场竞争力。[①]三是质量文化。德国人严谨冷静，乐于遵守规章制度，这种民族性格促使德国企业推崇遵守企业道德和生产高品质产品。德国在产品宣传中，很少强调其质量高、品质好，因为对高质量产品的追求已成为德国企业的潜意识。四是“双元制”教育。“双元制”教育不仅为德国工业培育了高质量技术人才，更在德国“工匠精神”传承和工业质量持续提升方面发挥了积极作用。

虽然德国工业质量优势有目共睹，但德国却担忧该优势正在丧失。在此背景下，2019 年 2 月 5 日，德国经济和能源部发布了《国家工业战略 2030》。该战略将钢铁铜铝、化工、机械与装备制造、汽车、光学、医疗器械、绿色科技、国防、航空航天、增材制造 10 个工业领域列为德国处于领先地位的关键工业部门。同时，《国家工业战略 2030》指出，虽然主要发展中国家低工资、低生产成本优势在德国强大的工业技术与质量面前相形见绌，但德国这一优势正在逐渐消失[②]；同时认为德国在平台经济、人工智能技术应用及

① 王爱华：《欧洲认证制度及标志介绍》，《认证技术》2013 年第 5 期。

② 开源工业互联网联盟翻译部：《〈德国工业战略 2030〉中文翻译全文》，2019 年 2 月 17 日，http://www.qianjia.com/html/2019-02/17_324602.html。

商业化、新生物技术等未来高端创新领域发展滞后，是德国工业正面临的挑战。《国家工业战略 2030》的颁布为德国产业政策的制定提供了战略性指导方针，长期保障和提高德国国民经济水平，提高工业产值，到 2030 年，德国国内工业产值占国内生产总值的占比从现在的 23%提高到 25%[①]，重新赢回德国工业的全球竞争优势。

（二）日本

日本制造以精密著称，其产品质量享有极高的美誉度。从汽车、高精度设备、家用电器到化妆品、服装，几乎每一个门类都有高质量产品代表。20 世纪 90 年代，日本能率协会综合研究所与美国盖洛普民意调查公司合作，对亚洲、欧洲和美洲的 20 个国家和地区的 2 万人开展产品质量形象调查，结果显示，产品质量形象最佳的是日本（38.5%），其次是德国（36%），第三是美国（34.3%）[②]，这在一定程度上，反映出全球消费者对日本产品质量的认可。

日本工业质量发展实践经验主要体现在以下 3 个方面。一是重视质量管理。日本建立了严格的质量保证与工业标准体系，实行质量管理能力资格认证考试制度，培养专业的产品质量管理人才，保障其工业高质量发展。二是危机意识促进精益求精。日本资源匮乏，全民都具有很强的危机意识，这种危机意识促使日本政府和企业精益求精、力争领先。在危机意识下，日本选择以技术立国，通过税收优惠、资金奖励、技术培训等手段推动技术引进与创新，并构建了“产学官”结合的研发体制，激发企业研发活力，提升自主创新水平，掌握核心技术。三是完善的售后服务。日本企业往往制定人性化的产品召回制度和售后服务制度，因此当产品出现质量不佳或用户体验不好的情况时，企业会迅速得到消费者反馈，从而进一步提高产品质量和用户体验。

近期，在全球需求放缓和贸易冲突持续的双重影响下，日本工业产出呈下滑趋势。日本经济贸易产业省数据显示，2019 年 8 月，日本工业产出环比下降 1.2%，主要原因是钢铁产品、工厂生产设备和汽车产量的下降；9 月，工业产出环比增长 1.4%，为日本制造业提供了短暂的喘息机会；然而，10 月，工业产出恢复下滑态势，环比下降 4.2%，主要原因是乘用车和汽车发动

---

① 人民论坛网：《德国〈国家工业战略 2030〉及其启示》，2019 年 12 月 10 日，http://www.cssn.cn/gjgxx/gj_ozyj/201912/t20191210_5056305.shtml?COLLCC=3569972529&。

② 蒋小平：《试论日本产品质量管理》，《中州大学学报》1996 年第 4 期。

机、通用和生产机械的产量下降；11 月，工业产出环比下降 0.9%。疲软的经济数据迫使日本制订刺激计划，以复苏经济。为带动经济增长，2020 年，日本政府计划投入 1220 亿美元。

日本《制造业白皮书》自 2002 年已发布了 18 版。日本 2019 年版《制造业白皮书》主要分析了日本制造业的现状、日本制造业在全球制造业中所处的地位，提出努力实现工业互联的全球取胜战略。2019 年版《制造业白皮书》显示，日本将拓展新的业务模式，目前，日本部分企业利用其产品全球市场份额和生产现场的高质量数据，已建立满足客户新需求的新业务模式。同时，2019 年版《制造业白皮书》强调，国际标准化活动在制造业中的重要性日益增加，确定企业的竞争领域和协调区域尤为重要。“以企业的核心技术优势作为竞争领域，并保护知识产权，实现标准的首创”，同时“以其他技术领域作为协调区域，与其他利益相关者实现技术共创，共同制定标准，从而建立一个兼备可持续性和发展速度的业务模式”。[①]此外，2019 年版《制造业白皮书》指出，在新时期要确保制造业与物联网、人工智能相结合的技能型人才储备充足，同时营造人才发挥积极作用的良好环境，这是确保日本制造业技术数字化发展的关键。目前，日本企业，特别是中小企业对技术数字化的需求强烈。

二、2019 年世界工业质量重要活动

（一）2019 世界质量与改进大会（WCQI）

2019 年 5 月 20—22 日，第 73 届世界质量与改进大会在美国得克萨斯州沃思堡市举办。本届会议的主题是“引领变革”，全球共有 2600 名质量专家和专业人员参加。会议设立质量的未来、管理变革、质量基础、建立并保持质量文化 4 个议题[②]，探讨在数字化时代，技术方法、质量文化理念、管理体系的变革与创新，以实现可持续发展。

同时，在本届国际质量卓越奖（ITEA）的角逐中，全球共 16 支团队进

① 日本经济产业省：《日本 2019 年版〈制造业白皮书〉》，2019 年 8 月 9 日，http://mkc.ckcest.cn/ article-detail.html?channelId=135819&pkId=184051。

② 上海质量杂志、上海市质协：《“引领变革”——记第 73 届世界质量与改进大会》，2019 年 12 月 12 日，http://www.itpmchina.com/news/553.html。

入决赛，其中来自中国的团队共 6 支。经过 1 年多的努力拼搏，中国上海核工程设计研究院的向日葵质量团队摘得金奖，这是中国企业质量团队首次在 ITEA 比赛中荣获金奖。此外，来自上海泛亚汽车技术中心的绿色内饰质量团队荣获本次比赛的铜奖。[①]入围决赛的还有来自耐世特（苏州）有限公司和青岛海尔的 3 个团队。

（二）2019 世界制造业大会

2019 世界制造业大会于 2019 年 9 月 20—23 日在中国安徽合肥举办。本届大会的主题是“创新创业创造　迈向制造业新时代——携手全球中小企业　共创智能制造业高质量发展新未来”。会议聚焦先进制造业新技术、新组织形式、新产业集群，旨在坚持新发展理念，推动高质量发展。本次大会由工业和信息化部、科技部、商务部、国务院国资委、中国工程院、全国工商联、全国对外友协、中国中小企业协会、联合国工业发展组织、全球中小企业联盟、安徽省人民政府联合主办，是 2019 年具有国际影响力的全球制造业盛会。[②]

（三）2019 年国际质量创新大赛

国际质量创新大赛是质量领域内最具影响力的国际性活动之一，目前有中国、以色列、芬兰、瑞典等 19 个国家参与。国际质量创新大赛的参赛项目分为潜在创新、责任与可再生（循环经济）、公共、医疗、教育、大型企业、中小企业、微创企业 8 个类别，其评价原则围绕创新和质量两个主要维度，评价参赛项目的新颖性、实用性和知识性等，最终评出相关奖项。2020 年 2 月 5—6 日，2019 年国际质量创新大赛年度会议在以色列特拉维夫市举行，会上对 2019 年度国际质量创新大赛获奖项目进行了表彰[③]。

2019 年国际质量创新大赛共评选出 24 个获奖项目。其中，中国获奖项目 5 项，入围项目 3 项。2019 年国际质量创新大赛中国获奖和入围项目如表 1-3 所示。

---

① 上海市质量协会：《来自中国上海的企业质量团队喜获国际团队卓越奖》，2019 年 5 月 23 日，http://www.saq.org.cn/gjjl/detail.html?zxbh=4509。

② 人民网：《2019 世界制造业大会在合肥开幕　杨军出席开幕式》，2019 年 9 月 23 日，http://ah.people.com.cn/n2/2019/0923/c393792-33379232.html。

③ 中国质量协会：《2019 年国际质量创新大赛年度会议在以色列特拉维夫举行》，2020 年 2 月 11 日，http://www.caq.org.cn/html/xhxw/zxxw/13674.html。

表 1-3　2019 年国际质量创新大赛中国获奖和入围项目

序　　号	单 位 名 称	项 目 名 称	奖　　项
1	珠海格力电器股份有限公司	《高精度磁悬浮系统的研究与应用》项目	大型企业创新类别二等奖
2	山西太钢不锈钢精密带钢有限公司	《宽超薄精密不锈钢条的工艺技术及系列产品开发》项目	中小型企业创新类别二等奖
3	北京航天自动控制研究所探测系统事业部	《基于机器视觉的港口集装箱运输卡车防吊系统》项目	微型和新创企业创新类别二等奖
4	陆军军医大学第二附属医院	《腰椎间盘疾病微创内窥镜融合技术的建立与应用》项目	医疗创新类别二等奖
5	中国核动力研究设计院	《华龙一号核电站 ZH-65 型蒸汽发生器（SG）的研发》项目	责任与可再生（循环经济）创新类别二等奖
6	国网江苏省电力有限公司苏州供电分公司	《基于末端智能感知的主动式电网修复系统》项目	潜在创新类别入围奖
7	中国船舶重工集团公司第七〇二研究所	《“深海勇士”4500 米载人潜水器的设计、关键技术与建造》项目	公共创新类别入围奖
8	安徽淮南平圩发电有限责任公司	《基于实操性的电力安全互动式培训》项目	教育创新类别入围奖

数据来源：赛迪智库整理，2020 年 3 月

三、《2019—2020 年世界质量报告》

2019 年 11 月，凯捷（Capgemini）集团旗下公司 Sogeti 与 MicroFocus 联合发布了《2019—2020 年世界质量报告》（*World Quality Report* 2019—2020）。世界质量报告是分析应用程序质量和测试趋势的全球性报告，自 2009 年起，已经连续发布 11 年。《2019—2020 年世界质量报告》通过计算机辅助电话采访的方式收集数据，访问了 8 个行业、32 个国家和地区的 1725 名首席信息官、应用副总裁、IT 总监、质量保证/测试经理、开发总监/首席营销官、首席技术官/产品负责人等。

《2019—2020 年世界质量报告》显示，强化质量保证和测试活动可以促进业务发展，高层次的商业目标决定了企业内部测试和质量保证的主要目标①；

① Useit 知识库:《凯捷:2019—2020 年世界质量报告》,2020 年 1 月 2 日,https://www.useit. com.cn/ thread-25961-1-1.html。

安全性仍然是重中之重，测试自动化带来的意义和挑战需要受到重视；此外，部分企业暴露了广泛使用人工智能的技术缺口。

第三节　世界工业品牌发展情况

一、全球品牌竞争加剧

新一轮科技革命成为商业革命的强大引擎，新技术、新产品、新产业、新业态层出不穷；加之社交媒体、跨境电商等新兴商业形式加速崛起，全球消费者有了更多选择，各国工业品牌竞争加剧，品牌竞争格局持续变动。

Interbrand 和 BrandZ 是世界范围内具有较强公信力的品牌价值榜单。2019 年 10 月，Interbrand 发布了“全球最佳品牌 100 强榜单”；2019 年 6 月，WPP 集团与品牌资产研究机构凯度发布了“2019 年 BrandZ 全球品牌价值 100 强”。由于两个榜单对于品牌价值的评估角度各有侧重，所测算的企业品牌价值有一定差异。Interbrand 和 BrandZ 的品牌价值榜单中排名前 10 的企业如表 1-4 所示。两个品牌价值榜单中所测算的前 10 位的企业有部分重合，但 BrandZ 榜单中平均品牌价值要高于 Interbrand 榜单。结合两大年度品牌价值榜单加以分析，可以从中窥见世界工业品牌发展的现状和趋势。

表 1-4　Interbrand 和 BrandZ 的品牌价值榜单中排名前 10 的企业

Interbrand		BrandZ	
企　业	品牌价值/亿美元	企　业	品牌价值/亿美元
苹果	2342.4	亚马逊	3155.1
谷歌	1677.1	苹果	3095.3
亚马逊	1253.6	谷歌	3090.0
微软	1088.5	微软	2512.4
可口可乐	633.7	Visa	1779.2
三星	611.0	Facebook	1589.7
丰田	562.5	阿里巴巴	1312.5
奔驰	508.3	腾讯	1308.6
麦当劳	453.6	麦当劳	1303.7
迪斯尼	443.5	AT&T	1083.8
平均值	957.4	平均值	2023.0

数据来源：赛迪智库整理，2020 年 3 月

尽管在 2019 年中，全球经济存在很大的不确定性，但全球品牌前 100 强的品牌价值依然在增长。BrandZ 榜单中，前 100 强的品牌价值合计比 2018 年增加了 7%，从 4.4 万亿美元增加到 4.7 万亿美元，较 2018 年增长了约 3280 亿美元，上升到历史新高。Interbrand 榜单中，前 100 强的品牌价值合计达 2.1309 万亿美元，较 2018 年增长了 5.7%。

全球品牌之间的竞争更加激烈，进入全球品牌价值榜单的难度逐年增大。在 2006 年，进入 BrandZ 全球 100 强榜单的门槛仅为 42 亿美元；在 2019 年，第 100 名的品牌价值已经上升为 134 亿美元，比 2006 年时上升 219%。2019 年，进入 Interbrand 榜单的第 100 名的品牌价值为 47.81 亿美元，而在 2018 年为 42.14 亿美元。

二、亚洲品牌占领一席之地

在两个榜单中，美国品牌都占据绝对优势，但是，在新上榜的品牌名单上亚洲品牌的出现说明，亚洲品牌已能占据一席之地。尽管进入榜单的企业有些区别，两个榜单中有两个共同点：一是，美国品牌占据半壁江山；二是，以发达国家的品牌为主。各国在 Interbrand 和 BrandZ 的品牌价值榜单中的品牌分布如表 1-5 所示。在 Interbrand 榜单中，美国有 50 个品牌入选 100 强，并且囊括了前 5 位；此外，还包括 10 个德国品牌、9 个法国品牌、7 个日本品牌、4 个英国品牌、3 个瑞典品牌、3 个意大利品牌、3 个韩国品牌、3 个荷兰品牌、2 个西班牙品牌、2 个瑞士品牌、1 个丹麦品牌、1 个墨西哥品牌、1 个中国品牌等。在 BrandZ 榜单中，包括 54 个美国品牌、16 个中国品牌（包括 1 个中国香港品牌）、9 个德国品牌、5 个法国品牌、3 个英国品牌、3 个印度品牌、2 个日本品牌、2 个西班牙品牌、2 个加拿大品牌、1 个澳大利亚品牌、1 个韩国品牌、1 个瑞典品牌、1 个意大利品牌、1 个印尼品牌。

在全球品牌价值榜单中，新上榜品牌在一定程度上能够反映最新的发展趋势。2019 年 BrandZ 全球品牌价值 100 强榜单中新上榜的品牌如表 1-6 所示。2019 年，共有 9 个品牌首次进入 BrandZ 榜单，这是该榜单自 2015 年以来变动最大的一次。其中，共有 6 个品牌来自亚洲，包括中国的滴滴、小米、美团、海尔，以及印度的国有保险公司 LIC、科技咨询服务公司 TATA。除此之外，另外两家新上榜品牌是法国的 CHANEL、美国的微软旗下游戏平台 XBOX。

表 1-5　各国在 Interbrand 和 BrandZ 的品牌价值榜单中的品牌分布

Interbrand		BrandZ	
国家	品　　牌	国家	品　　牌
美国	苹果（Apple）、谷歌（Google）、亚马逊（Amazon）、微软（Microsoft）、可口可乐（Coca-Cola）、麦当劳（McDonald's）、迪士尼（Disney）、国际商业机器（IBM）、英特尔（Intel）、脸书（Facebook）、思科（Cisco）、耐克（Nike）、甲骨文（Oracle）、通用电气（GE）、美国运通（American Express）、百事可乐（Pepsi）、摩根银行（J.P. Morgan）、联合包裹（UPS）、埃森哲（Accenture）、百威（Budweiser）、帮宝适（Pampers）、福特（Ford）、吉列（Gillette）、Adobe、花旗（Citi）、eBay、星巴克（Starbucks）、高盛（Goldman Sachs）、维萨（Visa）、家乐氏（Kellogg）、万事达卡（MasterCard）、戴尔（Dell）、3M、奈飞（Netflix）、高露洁（Colgate）、摩根士丹利（Morgan Stanley）、赛福时（Salesforce）、惠普（HP）、贝宝（PayPal）、联邦快递（FedEx）、卡特彼勒（Caterpillar）、杰克丹尼（Jack Daniel's）、迪尔（John Deere）、强生（Johnson & Johnson）、优步（Uber）、探索（Discovery）、肯德基（KFC）、蒂芙尼（Tiffany）、领英（LinkedIn）、哈雷戴维森（Harley-Davidson）	美国	亚马逊（Amazon）、苹果（Apple）、谷歌（Google）、微软（Microsoft）、维萨（Visa）、脸书（Facebook）、麦当劳（McDonald's）、美国电话电报公司（AT&T）、威瑞森（Verizon）、万事达卡（MasterCard）、国际商业机器（IBM）、可口可乐（Coca-Cola）、万宝路（Marlboro）、迪士尼（Disney）、联合包裹（UPS）、家得宝（The Home Depot）、Xfinity、耐克（Nike）、富国银行（Wells Fargo）、星巴克（Starbucks）、贝宝（Paypal）、埃森哲（Accenture）、Spectrum、沃尔玛（Walmart）、美国运通（American Express）、奈飞（Netflix）、英特尔（Intel）、YouTube、思科（Cisco）、Instagram、Adobe、赛福时（Salesforce）、通用电气（GE）、甲骨文（Oracle）、百威（Budweiser）、优步（Uber）、领英（LinkedIn）、好市多（Costco）、大通银行（Chase）、联邦快递（FedEx）、摩根银行（J.P. Morgan）、花旗（Citi）、帮宝适（Pampers）、埃克森美孚（ExxonMobil）、戴尔（Dell）、美国银行（Bank of America）、高露洁（Colgate）、肯德基（KFC）、赛百味（Subway）、XBOX、惠普（HP）、劳氏（Lowe's）、合众银行（US Bank）、吉列（Gillette）
德国	梅赛德斯奔驰（Mercedes-Benz）、宝马（BMW）、思爱普（SAP）、大众（Volkswagen）、奥迪（Audi）、安联（Allianz）、阿迪达斯（Adidas）、保时捷（Porsche）、西门子（Siemens）、敦豪（DHL）	德国	思爱普（SAP）、德国电信（Deutsche Telekom）、梅赛德斯奔驰（Mercedes-Benz）、宝马（BMW）、敦豪（DHL）、西门子（Siemens）、奥乐齐（ALDI）、阿迪达斯（Adidas）

续表

Interbrand		BrandZ	
国家	品　牌	国家	品　牌
法国	路易威登（Louis Vuitton）、香奈儿（CHANEL）、爱马仕（Hermes）、安盛（AXA）、欧莱雅（L'oreal）、达能（Danone）、卡地亚（Cartier）、迪奥（Dior）、轩尼诗（Hennessy）	法国	路易威登（Louis Vuitton）、香奈儿（CHANEL）、爱马仕（Hermes）、欧莱雅（L'Oreal）、Orange
日本	丰田（Toyota）、本田（Honda）、日产（Nissan）、索尼（Sony）、佳能（Canon）、松下（Panasonic）、任天堂（Nintendo）	日本	丰田（Toyota）、日本电报电话公司（NTT）
英国	汇丰（HSBC）、路虎（Land Rover）、迷你（MINI）、博柏利（Burberry）	英国	沃达丰（Vodafone）、汇丰（HSBC）、壳牌（Shell）
韩国	三星电子（Samsung）、现代汽车（Hyundai）、起亚（Kia）	韩国	三星电子（Samsung）
瑞典	宜家（IKEA）、H&M、Spotify	瑞典	宜家（IKEA）
西班牙	ZARA、桑坦德银行（Santander）	西班牙	ZARA、Movistar
意大利	古驰（Gucci）、法拉利（Ferrari）、普拉达（Prada）	意大利	古驰（Gucci）
中国	华为（Huawei）	中国	阿里巴巴（Alibaba）、腾讯（Tencent）、中国移动（China Mobile）、中国工商银行（ICBC）、茅台（Moutai）、中国平安（Ping An）、华为（Huawei）、中国建设银行（CCB）、百度（Baidu）、京东（JD）、滴滴出行（DiDi）、小米（Xiaomi）、美团（Meituan）、中国农业银行（ABC）、海尔（Haier）、友邦保险（AIA）（中国香港）
墨西哥	科罗娜（Corona）	澳大利亚	澳大利亚联邦银行（CBA）
丹麦	乐高（LEGO）	加拿大	加拿大皇家银行（RBC）、多伦多道明银行（TD）
瑞士	雀巢咖啡（Nescafe）、雀巢（Nestle）	印度	DFC 银行、印度人寿（LIC）、塔塔咨询服务（Tata Consultancy Service）
荷兰	飞利浦（Philips）、喜力（Heineken）、壳牌（Shell）	印尼	中亚银行（Bank Central Asia）

数据来源：赛迪智库整理，2020 年 3 月

表 1-6　2019 年 BrandZ 全球品牌价值 100 强榜单中新上榜的品牌

排　　名	品　　牌	品牌价值/亿美元	国　　家
31	CHANEL	370.1	法国
68	LIC	203.1	印度
71	滴滴	200.4	中国
74	小米	198.1	中国
78	美团	187.6	中国
81	戴尔	184.9	美国
87	XBOX	166.9	美国
89	海尔	162.7	中国
97	TATA	142.8	印度

数据来源：赛迪智库整理，2020 年 3 月

三、科技品牌引领品牌榜单

在 Interbrand 和 BrandZ 榜单中，全球品牌前 100 强的行业分布广泛。2019 年 Interbrand 榜单中的行业分布与品牌价值情况如表 1-7 所示。在 Interbrand 榜单中，全球品牌前 100 强涉及 17 个行业，包括科技、汽车、商业服务、金融服务、奢侈品、饮料、快消品、媒体、电子、餐饮、多样化、体育产品、酒类、服饰、物流、零售、能源。按照各行业的品牌数排序，排名前列的有汽车（15 个）、金融服务（12 个）、科技（9 个）、快消品（9 个）和奢侈品（9 个）。

表 1-7　2019 年 Interbrand 榜单中的行业分布与品牌价值情况

行　　业	品　牌　数	品牌价值/亿美元	平均品牌价值/亿美元	价 值 占 比
科技	9	7898.2	877.6	37.1%
汽车	15	2792.5	186.2	13.1%
商业服务	8	1723.8	215.5	8.1%
金融服务	12	1449.4	120.8	6.8%
奢侈品	9	1177.8	130.9	5.5%
饮料	3	974.6	324.9	4.6%
快消品	9	924.1	102.7	4.3%
媒体	5	691.9	138.4	3.2%

续表

行　业	品　牌　数	品牌价值/亿美元	平均品牌价值/亿美元	价 值 占 比
电子	7	633.7	90.5	3.0%
餐饮	3	626.7	208.9	2.9%
多样化	5	575.3	115.1	2.7%
体育产品	2	443.7	221.8	2.1%
酒类	5	396.6	79.3	1.9%
服饰	2	335.2	167.6	1.6%
物流	3	310.6	103.5	1.5%
零售	2	304.2	152.1	1.4%
能源	1	51.1	51.1	0.2%
总　计	100	21309.3	213.1	100%

数据来源：赛迪智库整理，2020年3月

2019年BrandZ榜单中的行业分布与品牌价值情况如表1-8所示。BrandZ榜单中，全球品牌前100强涉及24个行业，包括科技、零售、电信提供商、支付、区域银行、快餐、奢侈品、娱乐、物流、服饰、饮料、汽车、烟草、保险、全球性银行、个人护理、运输、企业集团、能源、烈酒、啤酒、生活方式平台、婴儿护理、物联网生态。按照各行业的品牌数排序，排名前列的有科技（23个）、区域银行（12个）、电信提供商（10个）、零售（9个）、支付（4个）。

表1-8　2019年BrandZ榜单中的行业分布与品牌价值情况

行　业	品　牌　数	品牌价值/亿美元	平均品牌价值/亿美元	价 值 占 比
科技	23	16980.4	738.3	36.0%
零售	9	6275.6	697.3	13.3%
电信提供商	10	4604.8	460.5	9.8%
支付	4	3490.8	872.7	7.4%
区域银行	12	2739.0	228.2	5.8%
快餐	4	2105.8	526.5	4.5%
奢侈品	4	1404.6	351.2	3.0%
娱乐	3	1209.1	403.0	2.6%

续表

行　　业	品　牌　数	品牌价值/亿美元	平均品牌价值/亿美元	价 值 占 比
物流	3	917.2	305.7	1.9%
服饰	3	833.0	277.7	1.8%
饮料	1	808.3	808.3	1.7%
汽车	3	758.3	252.8	1.6%
烟草	1	719.6	719.6	1.5%
保险	3	659.3	219.8	1.4%
全球性银行	3	618.7	206.2	1.3%
个人护理	3	600.9	200.3	1.3%
运输	2	442.5	221.2	0.9%
企业集团	2	420.1	210.0	0.9%
能源	2	392.7	196.4	0.8%
烈酒	1	339.2	339.2	0.7%
啤酒	1	263.2	263.2	0.6%
生活方式平台	1	187.6	187.6	0.4%
婴儿护理	1	186.6	186.6	0.4%
物联网生态	1	162.7	162.7	0.3%
总　计	100	47119.97	471.20	100%

数据来源：赛迪智库整理，2020 年 3 月

在两个榜单中，科技类品牌均占据统治地位，其原因有以下 3 个方面。一是，科技品牌的价值占总榜单价值的比例均为第一。其中，Interbrand 榜单中，科技品牌的价值合计为 7898.17 亿美元，占榜单合计价值的比重为 37%；BrandZ 榜单中，科技品牌的价值合计为 16980.36 亿美元，占榜单合计价值的比重为 36%。二是，科技榜单占据榜单的前列。BrandZ 榜单的前 10 名中，科技或者相关品牌有 7 位，包括亚马逊、苹果、谷歌、微软、Facebook、阿里巴巴、腾讯；Interbrand 榜单中，前三名分别是苹果、谷歌、亚马逊。三是，新上榜品牌以科技品牌为主。BrandZ 榜单中，9 个新上榜品牌中有 6 家都是科技企业，即滴滴、小米、美团、海尔、TATA、戴尔；Interbrand 榜单中，新上榜品牌 Uber、戴尔和 LinkedIn 都为科技类企业。

第二章

2019年中国工业技术创新进展情况

科技兴则民族兴，科技强则国家强。2019年，我国工业技术创新体系进一步完善，工业技术创新要素投入总量持续增加，工业技术创新能力持续提升，创新成果不断涌现。工业质量发展方面，中央政府修正相关法律法规、发布相关政策文件、开展相关质量提升活动，营造工业质量发展良好环境；各地政府深入开展质量提升行动；全国质量奖、地方质量奖、全国质量标杆持续发挥高质量发展榜样作用。工业品牌发展方面，国家品牌培育工作持续推进，区域品牌建设成效显著，企业品牌的国际化和高端化取得新进展。

第一节　中国工业技术创新情况

一、技术创新成为牵动我国发展全局的“牛鼻子”

（一）科技创新为国家治理体系提供技术支撑

2019年10月，党的十九届四中全会对坚持和完善中国特色社会主义制度、推进国家治理体系和治理能力现代化提出新的更高要求。其中，科技创新是国家治理体系和治理能力现代化的重要内容和基础支撑。

科技创新成为推动经济社会高质量发展的关键力量。科技创新是第一生产力和第一动力，同时，科技创新是统筹推进“五位一体”总体布局和协调推进“四个全面”战略布局的重要组成，要构建社会主义市场经济条件下关键核心技术攻关新型举国体制，建立以企业为主体、市场为导向、产学研深度融合的技术创新体系，支持大中小企业和各类主体融通创新，创新促进科技成果转化机制，积极发展新动能，强化标准引领，提升产业基础能力和产业链现代化水平。

科技创新成为改善社会治理体系的重要支撑。当前，数字化、人工智能、区块链等技术，正为国家治理体系和治理能力现代化提供核心技术支撑，创新治理方式、提高治理效能。例如，在 2020 年年初爆发的新冠肺炎疫情中，科技创新成为人类同疾病较量最有力的武器，疫情防控时，物联网、大数据、人工智能、云计算等智慧城市相关技术，在疫情监测分析、病毒溯源、防控救治、资源调配等方面发挥了重要支撑作用。

（二）创新中心成为技术创新体系的重要实践

近年，工业和信息化部、科技部、国家发展改革委陆续启动了新型创新平台的建设工作，计划在"十三五"期间分别建设 15 家国家制造业创新中心、20 家国家技术创新中心及若干国家产业创新中心，旨在突破制约行业发展的关键核心技术和关键共性技术。

自 2015 年以来，工业和信息化部启动制造业创新中心建设工程，聚焦战略性、引领性、重大基础共性需求，加强关键核心技术攻关，加快科技成果转化，提升关键环节和重点领域的创新能力。截至 2019 年年底，已批复建设了动力电池、增材制造、信息光电子、印刷及柔性显示、机器人、集成电路、智能传感器、数字化设计与制造、轻量化材料成型技术及装备、先进轨道交通装备、智能网联汽车、农机装备、先进功能纤维 13 家国家制造业创新中心。

2017 年 11 月，科技部发布了《国家技术创新中心建设工作指引》，确定了国家技术创新中心的功能定位、建设布局、组建模式、建设任务和治理结构等细则。截至 2019 年年底，已建有高速列车和新能源汽车等 5 家国家技术创新中心。

2018 年 1 月，国家发展改革委发布了《国家产业创新中心建设工作指引（试行）》，明确国家产业创新中心的体制机制、组建布局、运行管理和支持政策。截至 2019 年年底，已建有先进计算、生物育种等 5 家国家产业创新中心。

三类创新中心建设进展和分布情况如表 2-1 所示。

表 2-1　三类创新中心建设进展和分布情况

序号	创新中心类型	创新中心名称	所在区域
1	国家制造业创新中心	国家动力电池创新中心	北京市
2	国家制造业创新中心	国家轻量化材料成形技术及装备创新中心	北京市

续表

序号	创新中心类型	创新中心名称	所在区域
3	国家制造业创新中心	国家智能网联汽车创新中心	北京市
4	国家制造业创新中心	国家先进功能纤维创新中心	江苏省
5	国家制造业创新中心	国家集成电路创新中心	上海市
6	国家制造业创新中心	国家智能传感器创新中心	上海市
7	国家制造业创新中心	国家增材制造创新中心	广东省
8	国家制造业创新中心	国家先进轨道交通装备制造业创新中心	湖南省
9	国家制造业创新中心	国家信息光电子制造业创新中心	湖北省
10	国家制造业创新中心	国家数字化设计与制造创新中心	湖北省
11	国家制造业创新中心	国家增材制造创新中心	陕西省
12	国家制造业创新中心	国家农机装备创新中心	河南省
13	国家制造业创新中心	国家机器人创新中心	辽宁省
14	国家技术创新中心	国家合成生物技术创新中心	天津市
15	国家技术创新中心	国家高速列车技术创新中心	山东省
16	国家技术创新中心	国家耐盐耐碱地水稻技术创新中心	湖南省
17	国家技术创新中心	国家生物种业技术创新中心	湖南省
18	国家产业创新中心	国家新能源汽车技术创新中心	北京市
19	国家产业创新中心	国家先进计算产业创新中心	天津市
20	国家产业创新中心	国家先进存储产业创新中心	湖北省
21	国家产业创新中心	国家生物育种产业创新中心	河南省
22	国家产业创新中心	国家智能铸造产业创新中心	宁夏回族自治区

（三）基础研究是创新之源，是技术问题的总开关

作为科技创新之源，基础研究关乎我国源头创新能力和国际科技竞争力的提升，决定着世界科技强国建设进程，对促进实现“两个一百年”奋斗目标有重要的基础性作用。近年来，我国基础研究投入持续增长，从2011年的411.8亿元增至2018年的1118亿元，年均增长率为15.34%，增速显著高于美、英、德、法、日等国家。尽管如此，我国基础研究投入仍然不足。年度投入虽仅次于美国，但与其（2017年为922.31亿美元）仍有较大差距。

2020年3月，科技部、国家发展改革委、教育部、中科院和自然科学基金委等五部门联合印发《加强“从0到1”基础研究工作方案》(以下简称《方案》)，旨在贯彻落实国务院《关于全面加强基础科学研究的若干意见》，充

分发挥基础研究对科技创新的源头供给和引领作用，解决我国基础研究缺少“从 0 到 1”原创性成果的问题。《方案》从优化原始创新环境、强化国家科技计划原创导向、加强基础研究人才培养、创新科学研究方法手段、强化国家重点实验室原始创新、提升企业自主创新能力、加强管理服务 7 个方面提出具体措施。其中，在优化原始创新环境方面，将建立有利于原始创新的评价制度。包括推行代表作评价制度，注重评价代表作的科学水平和学术贡献，让论文回归学术；建立国家重点实验室新的评价制度；建立促进原创的基础研究项目评价制度等。

二、我国工业技术创新要素投入总量持续增加

依据《2019 年中国统计年鉴》数据，2018 年，我国技术创新经费投入持续增加，全国科技经费投入、研究与试验发展（R&D）经费投入力度不断加大。2018 年，我国 R&D 经费支出 19677.9 亿元，比 2017 年增加 2071.8 亿元，增长幅度为 11.8%。在我国经济发展进入新常态的情况下，研发投入增速放缓，但仍保持 10%以上的增长率。研发投入强度（即研发投入占 GDP 的比重）也从 2017 年的 2.13%稳步提高到 2018 年的 2.19%。2013—2018 年我国研发投入总量、增长率及研发投入强度情况如图 2-1 所示。

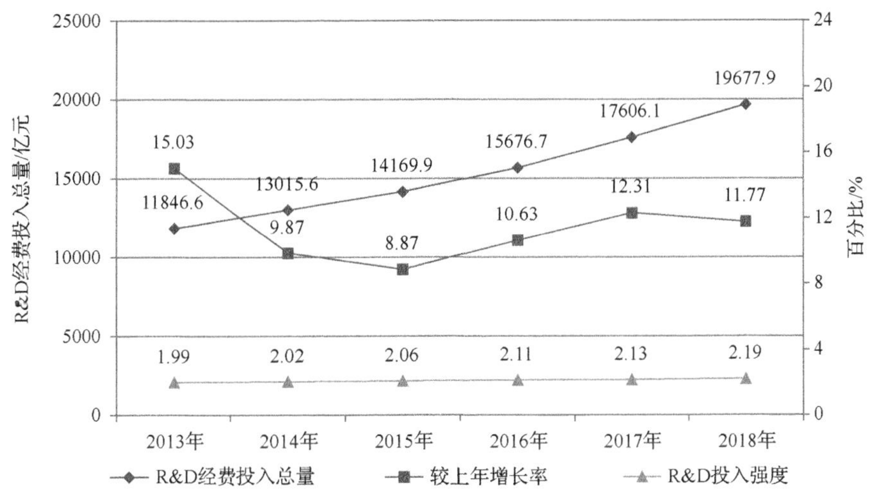

图 2-1　2013—2018 年我国研发投入总量、增长率及研发投入强度情况

数据来源：《2019 年中国统计年鉴》，2019 年 10 月

2018 年，企业作为技术创新的主体，其研发投入占据全国研发投入的

较高比例，R&D 经费支出增长率保持较高水平，研发投入增长态势良好。2013—2018 年我国企业 R&D 经费支出、增长率占全国研发投入经费比例如图 2-2 所示。

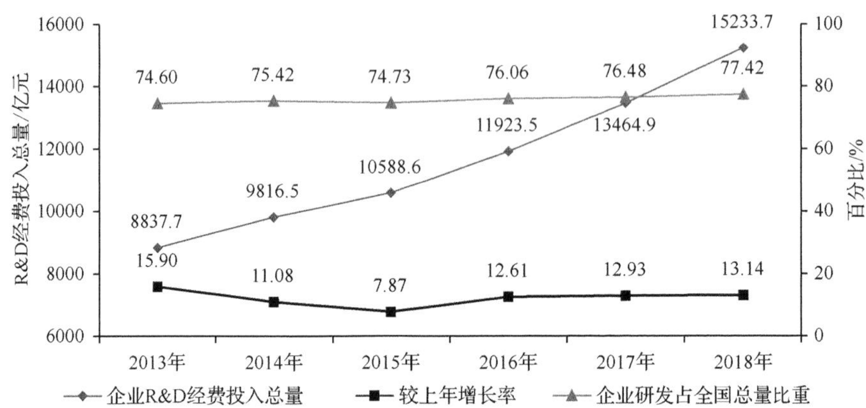

图 2-2　2013—2018 年我国企业 R&D 经费支出、增长率与占全国研发投入经费比例

数据来源：《2019 年中国统计年鉴》，2019 年 10 月

2018 年，企业研发人员规模保持在较高水平。2011—2018 年我国规模以上工业企业 R&D 人员全时当量情况如图 2-3 所示。从图 2-3 可以看出，2011—2018 年，规模以上工业企业研发人员全时当量由 2011 年的 193.9 万人/年提高到了 2018 年的 298.1 万人/年，在全国企业中所占比例达到 68.0%。

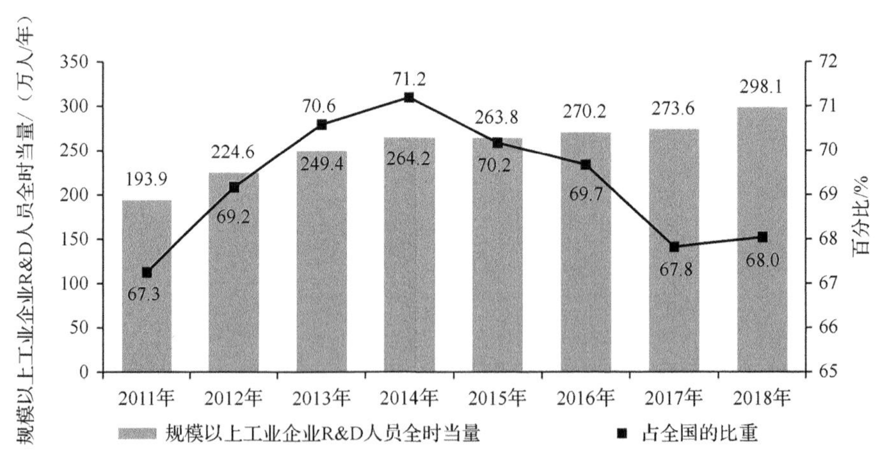

图 2-3　2011—2018 年我国规模以上工业企业 R&D 人员全时当量情况

数据来源：《2019 年中国统计年鉴》，2019 年 10 月

工业企业研发机构的数量和比例呈快速增长趋势。2014—2018 年我国规模以上工业企业有研发机构企业与开展研发活动的企业占比情况如图 2-4 所示。图 2-4 显示，2004—2018 年规模以上工业企业建立的研发机构数量大幅增长，规模以上工业企业开展研发活动的企业比例由 2004 年的 6.2%提高到了 2018 年的 29.0%。

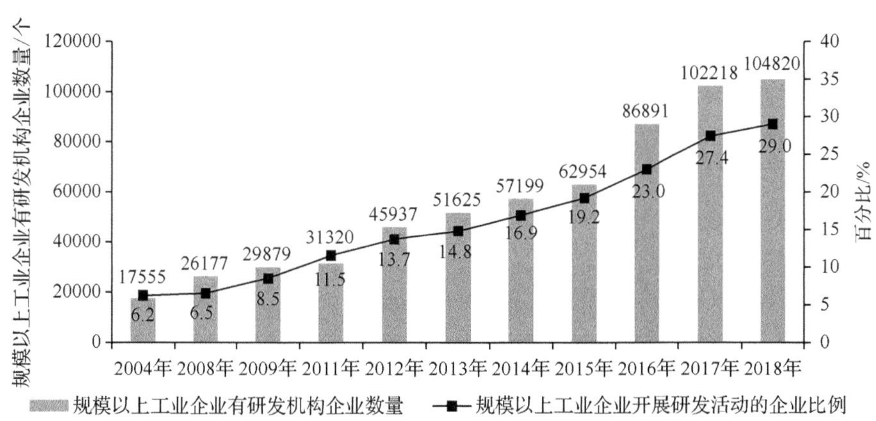

图 2-4　2004—2018 年我国规模以上工业企业有研发机构企业与开展研发活动的企业占比情况

数据来源：《2019 年中国统计年鉴》，2019 年 10 月

三、我国工业技术创新能力持续提升，创新成果不断涌现

2018 年，我国国内授权发明专利达 32.28 万件，同比略有下降，发明专利总授权量累计达到 188.86 万件。2018 年，国内发明专利授权数量前 10 位的地区占 2018 年授权量的 76.7%，主要为广东省、北京市、江苏省、浙江省、上海市等经济较为发达的地区，在同比增长方面，广东省、安徽省增速在 10%以上或接近 10%，北京市、江苏省、浙江省等部分地区出现负增长。2018 年国内发明专利授权前 10 位地区状况如表 2-2 所示。

表 2-2　2018 年国内发明专利授权前 10 位地区状况表

序　　号	地　　区	当年累计/件	同比增长/%	总累计/件
1	广东省	50660	10.76	270547
2	北京市	45467	−1.35	281754
3	江苏省	40624	−2.15	231042
4	浙江省	28007	−2.56	147384

续表

序　　号	地　　区	当年累计/件	同比增长/%	总累计/件
5	上海市	20782	0.49	145316
6	山东省	17910	−6.18	96051
7	安徽省	13642	9.66	62514
8	四川省	11113	−2.23	62431
9	湖北省	10908	0.26	59111
10	陕西省	8558	−2.46	51647

数据来源：国家知识产权局，2019 年 1 月

在全国技术市场的交易情况方面，2008—2018 年全国技术市场历年成交额如图 2-5 所示。从图 2-5 可以看出，2008—2018 年，我国技术市场成交额保持高速的增长态势。2013—2017 年增速保持 15%左右，2018 年增速增长较快，达到 31.8%，技术市场交易总额达到 17697 亿元。

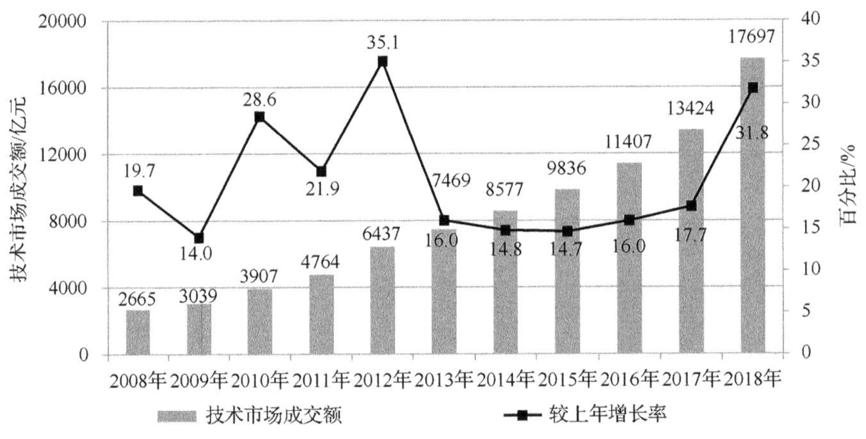

图 2-5　2008—2018 年全国技术市场历年成交额

数据来源：《2019 年中国统计年鉴》，2019 年 10 月

第二节　中国工业质量发展情况

一、中央政府发挥合力，营造工业质量发展良好环境

工业质量是一个国家生产力与竞争力的体现，关系到国家可持续发展和人民群众切身利益。党中央、国务院一贯高度重视工业质量发展，《2019 年国务院政府工作报告》指出，强化质量基础支撑，推动标准与国际先进水平

对接，提升产品和服务品质，让更多国内外用户选择中国制造、中国服务[①]，为我国工业质量发展指明了方向。近年来，我国深入开展质量提升行动，大力实施质量强国战略，持续营造质量发展的良好环境。

一是修正相关法律法规。2018 年 12 月，完成《中华人民共和国产品质量法》《中华人民共和国食品安全法》修正；2019 年 10 月，完成《中华人民共和国食品安全法实施条例》修订，强化了食品安全监管，完善了食品安全风险监测、食品安全标准等基础性制度，落实了生产经营者的食品安全主体责任等[②]，被誉为“史上最严”的食品安全管理法规。

二是发布相关政策文件。2019 年 3 月，工业和信息化部办公厅发布《关于做好 2019 年工业质量品牌建设工作的通知》，提出推动落实质量主体责任、推广先进质量管理方法、促进实物质量提升、深化工业品牌培育、优化质量发展环境、推动重点产业品牌质量提升、加强中小企业质量品牌建设等要求，以提升工业质量品牌水平，促进制造业高质量发展。2019 年 9 月，工业和信息化部发布《关于促进制造业产品和服务质量提升的实施意见》，在落实企业质量主体责任、增强质量提升动力、优化质量发展环境、加快重点产业质量提升、保障措施等方面提出具体要求，推动制造业高质量发展。2019 年 12 月，工业和信息化部印发《首台（套）重大技术装备推广应用指导目录（2019 年版）》，促进首台（套）推广应用，推进制造业高质量发展。

三是开展相关质量提升活动。2019 年 6 月至 11 月，国家市场监管总局、国家发展改革委、工业和信息化部、公安部、商务部、海关总署、中央网信办、国家邮政局 8 部门联合开展“2019 网剑行动”，以食品（含保健食品）、药品、儿童用品、家庭日用品、电子产品、汽车配件、家具家装、服装鞋帽、劳动防护安全帽等消费品为重点，打击网上假药劣药、假冒伪劣产品、不安全食品等。2019 年 8 月，工业和信息化部组织开展消费品工业“三品”战略示范城市申报，要求申报城市行业实力较强、增品种能力较强、提品质能力较强、创品牌能力较强、优环境能力较强、质量检验检测和认证服务能力较强，智能制造试点示范项目、工业企业质量标杆数量居同类城市前列。经严

---

① 新华网：《（现场实录）政府工作报告》，2019 年 3 月 5 日，http://www.xinhuanet.com/politics/2019lh/2019-03/05/c_1124194454.htm。

② 人民网：《南方日报：条例修订护航舌尖上的安全》，2019 年 11 月 14 日，https://baijiahao.baidu.com/s?id=1650134314806135429&wfr=spider&for=pc。

格评选，安徽省界首市、江西省赣州市南康区、山东省高密市、河南省项城市、湖南省浏阳市、四川省成都市温江区成为 2019 年消费品工业“三品”战略示范城市。2019 年 9 月，国家市场监管总局、中共中央宣传部、国家发展改革委、工业和信息化部等 14 个部门联合开展全国“质量月”活动。本次活动主题是“共创中国质量，建设质量强国”，旨在营造“政府重视质量，企业追求质量，人人关注质量”的浓厚氛围，推动高质量发展。2019 年 12 月，国家市场监督管理总局在深圳组织召开第三届中国质量大会，围绕“质量、变革、共享”主题，探讨国际质量合作机制、质量基础设施互联互通、全球质量治理体系、中国和世界质量变革等内容，推广先进质量管理理念，加强质量工作国际交流。

二、地方政府多措并举，共促工业质量持续提升

近年来，我国各地政府秉承高质量发展目标，抢抓新一轮科技革命新机遇，践行“三个转变”，多措并举，深入开展质量提升行动。

河北省深入开展重点区域质量提升，深化工业供给侧结构性改革，聚焦国家重大战略，推动制造业高质量发展。2019 年 4 月，河北省制定了《质量提升工程实施方案》，安排部署全省质量提升工作。同年 6 月，印发《河北省实施质量强省和标准化战略 2019 年度工作要点》，明确在 26 个产业特色明显、集中度高的重点区域开展质量提升行动。[①]同年 12 月，印发《河北省食品工业高质量发展工作计划》，强化技术创新、产品创新，引导企业开展追溯体系建设，推进智能化、绿色化建设等。

江苏省委、省政府成立质量发展委员会，印发《江苏省质量提升行动实施方案》，努力打造质量发展高地。江苏省缺陷产品召回、质量信用分级等工作在全国名列前茅，国家先进制造业集群入围数、企业两化融合发展水平、国家强基工程新入选项目数量均位居全国第一。2019 年，国家先进功能纤维创新中心落户苏州市，成为全国第 13 个国家制造业创新中心。此外，江苏省开展首席质量官培训，建立质量智库，培养专业质量人才。

安徽省聚力新旧动能转换，深入实施质量强省建设。安徽省委、省政府

① 中国质量报：《河北省重点区域质量提升工作现场会在安国市召开》，2019 年 9 月 20 日，http://www.cqn.com.cn/zgzlb/content/2019-09/20/content_7563805.htm。

于 2018 年 8 月发布《关于开展质量提升行动推进质量强省建设的实施意见》，形成质量工作新格局。2019 年，发布《关于实施高水平技术改造升级 推动制造业高质量发展的通知》，激发工业企业技术改造内生动力，加快企业技术改造步伐。据统计，2019 年安徽省累计实施工业企业技术改造项目超过 5000 项，技术改造投资同比增长 14.4%，工业投资同比增长 8.7%。①此外，安徽省成功举办"2019 世界制造业大会质量品牌建设论坛和知识产权运营论坛"，为安徽省工业质量发展搭建交流平台。

广东省坚持构建推动经济高质量发展的体制机制、建设现代化经济体系、形成全面开放新格局、营造共建共治共享社会治理格局，扎实推进广东省工作。2019 年 5 月，广东省印发《2019 年工业质量品牌建设工作计划的通知》，促进工业质量品牌水平提升，推动广东"三个转变"。同年 8 月，广东省印发《关于企业技术改造投资项目核准和备案管理的实施细则（试行）》，进一步深化"放管服"改革，规范企业技术改造投资项目的核准和备案行为。同时，广东省通过完善标准提升行业质量，制定实施团体标准，搭建以"政府+行业协会+企业"为模式的标准联盟。

三、表彰先进典型，发挥高质量发展榜样作用

（一）全国质量奖

全国质量奖于 2001 年设立，每年举办一次。2019 年全国质量奖以"卓越引领——迈入高质量发展新时代"为主题，秉承"高标准、少而精、树标杆"的原则，表彰同时在经济、质量及社会效益方面取得显著成绩的企业，在质量管理、技术创新等方面取得突出成效的项目和在质量领域做出突出成绩的先进个人。

2019 年，中国人民解放军第四八零一工厂黄埔军械修理厂、新疆金风科技股份有限公司等 17 家组织获得全国质量奖；8 挡自动变速器（8AT）研发及产业化、大规模源网荷储友好互动系统、土耳其卡赞天然碱及配套项目 3 个项目获得全国质量奖卓越项目奖；甘肃路桥建设集团有限公司、保龄宝生物股份有限公司 2 家组织获得全国质量奖入围奖；东风商用车有限公司、

① 安徽省经济和信息化厅：《对标高质量聚力稳投资 全年技术改造投资增长 14.4%》，2020 年 1 月 22 日。

辽宁红沿河核电有限公司等 29 家组织获得全国质量奖鼓励奖；俄罗斯联邦鞑靼斯坦联合化肥装置项目获得全国质量奖卓越项目鼓励奖。此外，11 人获得中国杰出质量人奖，19 人获得中国质量工匠奖。

（二）地方质量奖项

随着对质量工作重视程度的不断加强，各省为推广先进质量管理模式，提高质量管理水平，鼓励自主创新、追求卓越等，都设立了质量相关奖项，表彰质量工作先进企业、个人和产品等。例如，北京市设有北京市人民政府质量管理奖，上海市设有上海市重点产品质量攻关成果奖、上海市市长质量奖、上海市政府质量奖等，重庆市设有重庆市长质量奖，河北省设有河北省政府质量奖，山西省设有山西省质量奖，黑龙江省设有黑龙江省人民政府质量奖，辽宁省设有辽宁省省长质量奖，吉林省设有吉林省质量奖，江苏省设有江苏省质量奖，安徽省设有安徽省政府质量奖，福建省设有福建省政府质量奖，江西省设有江西省井冈质量奖，山东省设有山东省省长质量奖，湖南省设有湖南省省长质量奖，广东省设有广东省政府质量奖等。此外，据不完全统计，90 余个市（地、州）也设立了政府质量奖，部分发达地区甚至设立了区、县一级的质量奖。

（三）全国质量标杆

全国质量标杆是指有关组织应用先进质量管理的理念、方法、工具或互联网手段，开展质量管理和改进创新活动，以提高质量水平、提升经营绩效的典型经验[①]。2019 年，受工业和信息化部委托，中国质量协会继续开展全国质量标杆遴选及相关活动，旨为贯彻《中共中央 国务院关于开展质量提升行动的指导意见》，落实质量强国战略，推动产品、服务质量和效益稳步提升，推动我国企业高质量发展。

2019 年，评选出北京航天自动控制研究所的“基于全过程风险评估与成熟度测量的多维度体系化精准质量控制管理模式”、北新集团建材股份有限公司的“实施双线择优管理模式的经验”、成都飞机工业（集团）有限责任公司的“系统性提升军机项目质量水平的实践经验”、 东风商用车有限公司

① 中国质量协会:《关于开展 2019 年全国质量标杆活动的通知》, 2019 年 4 月 26 日，http://www.caq.org.cn/html/tzgg/11536.html。

的“基于体系成熟度评价的市场质量管理与改进创新经验”等全国质量标杆共 46 项。此外，为推广先进质量技术和方法的典型经验，推动企业开展对标管理活动，发挥质量标杆企业的引领作用，中国质量协会在深圳市组织了“标杆深入学”研修班；并在北京市、云南省、海南省、福建省等地举办了质量标杆分享和交流活动，持续推广先进质量管理方法。

第三节　中国工业品牌发展情况

一、国家品牌培育工作持续推进

2019 年，在政府主导下，相关单位采取了一系列举措持续推进品牌培育工作，向制造强国、品牌强国迈进。

（一）工业和信息化部 2019 年工业质量品牌建设工作

2019 年 3 月，工业和信息化部在《关于做好 2019 年工业质量品牌建设工作的通知》中提出，要深化工业品牌培育、推动重点产业质量品牌提升、加强中小企业质量品牌建设 3 点有关工业品牌培育的相关工作。其中，深化工业品牌培育工作的具体内容包括深入推进企业品牌培育管理体系标准宣贯活动、鼓励地方和行业积极推进产业集群区域品牌建设、加强工业品牌的宣传和交流、营造品牌建设社会氛围。

（二）中国牵头制定品牌评价国际标准

2019 年 3 月 12 日，国际标准化组织（ISO）正式发布 ISO 20671:2019《品牌评价基础和原则》，该标准是第一个由中国牵头制定的品牌评价国际标准，是我国在国际标准化领域的新突破。品牌价值评价是品牌建设的重要方面，长期以来，全球知名的品牌评价机构一直参照或者采用欧美等发达国家的品牌评价规则、方法和标准。自 2013 年起，国务院办公厅印发《贯彻实施质量发展纲要 2013 年行动计划》，提出要求组织开展品牌价值评价工作；2014 年，我国推动 ISO 成立品牌评价技术委员会（ISO/TC 289）并担任秘书国，旨在贡献和分享我国在品牌评价技术标准的理论研究成果和实践经验，会同其他成员国制定科学合理的品牌评价国际标准体系。经过 5 年的发展，ISO 20671:2019《品牌评价基础和原则》的正式发布，在一定程度上代表我国的品牌评价工作受到了国际认可。

（三）成立品牌强国战略联盟、品牌强国工程

2019 年 5 月 10 日是第三个“中国品牌日”。本届主题是“品牌引领消费”，目的是促进形成强大的国内市场，挖掘消费潜力，提振消费信心，引导境外消费回流。当天，中央广播电视总台发起建立品牌强国战略联盟，联合了包括中央部委、地方政府、品牌企业、高等院校、科研机构、行业协会等 1200 家单位。品牌强国战略联盟的主旨是将中国企业品牌联合在一起，增强企业的品牌意识，让品牌产生集聚效应，推动企业品牌进入国际化市场。同年 8 月，继品牌强国战略联盟后，中央广播电视总台举办“品牌强国工程”发布活动，“品牌强国工程”分为强国品牌、TOP 品牌、领跑品牌、国资典范品牌 4 个层级。该工程将依托中央广播电视总台，通过全媒体传播形式，助力培育新时代的国家级品牌。

二、区域品牌建设成效显著

品牌作为产业向高级阶段发展的重要标志，一个典型的表现形式就是区域品牌。区域品牌可以巩固和提升区域内产业的竞争优势，拉动企业建设自主品牌、提升品牌价值和效应。2019 年，以佛山市、东莞市、青岛市和长三角区域“三省一市”为代表的省市采取多种举措进行区域品牌建设。

（一）佛山市：以全国知名品牌创建示范区建设支撑区域品牌体系

佛山市是我国重要的家电、陶瓷、铝型材生产基地，产业链条完善。同时，佛山市是全国知名品牌创建示范区的典型区域，目前，已经获批筹建 13 个全国知名品牌创建示范区，这一数量在全国主要城市中居于首位。全国知名品牌创建示范区是 2012 年原国家质量监督检验检疫总局在全国范围内开展的区域品牌创建工作，旨在激发地方政府对于品牌建设的重视程度，增强各地区域品牌建设的积极性。2019 年 5 月，广东省佛山市公布了由中国质量认证中心撰写的《佛山市全国知名品牌创建示范区绩效评价报告》，指出全国知名品牌创建示范区的建设成为佛山市制造品牌体系的重要支撑。佛山市目前已经形成了区域品牌、企业品牌和产品品牌三位一体的“佛山制造”品牌发展体系。

（二）东莞市：以商标品牌战略促进区域品牌高水平发展

东莞市是制造业大市，制造业基础雄厚，制造业企业达到 17.83 万户。

与此同时，东莞市品牌也存在一些问题。截至 2018 年年底，东莞市尚无一件地理标志商标、证明商标；同时，尽管拥有良好的外向型经济发展基础，是广东省唯一一个构建开放型经济新体制综合试点试验城市，但是，东莞市品牌“走出去”的程度不高，全市企业的马德里国际商标注册数量只有 506 件，少于国内同等 GDP 发展水平城市的马德里国际商标注册数量。为此，东莞市政府自 2018 年开始推进商标品牌战略实施。2018 年 3 月，东莞市政府出台《东莞市关于深入实施商标品牌战略服务更高起点上实现更高水平发展的意见》，成为实施商标品牌战略，打造国际品牌之都的标志性纲领性文件。2019 年 5 月，东莞市政府发布《东莞市商标品牌战略专项资金管理办法》，进一步落实商标品牌战略。2019 年 10 月，东莞市成立了商标品牌研究院、东莞市先进制造企业品牌联盟、东莞市制造业行业品牌联盟，其目的是形成“多元共治”的品牌保护格局，实现“抱团发展，联盟维权”。

（三）青岛市：以线上、线下宣传活动提升区域品牌知名度

“青岛制造”对于全国的区域品牌创建工作具有示范意义。青岛市被称为“品牌之都”，拥有海尔、海信、青岛啤酒等一批具有国际知名度的企业。早在 1989 年，青岛市开创了区域品牌运营的先河，通过实施“金花培育工程”奠定了“青岛制造”的基础。

2019 年，青岛市以“品牌之都 工匠之城”为主题，展开了一系列“青岛制造”品牌宣传工作，提升青岛品牌的国民知名度。两会期间，“青岛制造”主题宣传片登陆中央电视台，其中主要拍摄了海尔集团、海信集团、青岛啤酒、双星、澳柯玛、青食等 8 家典型企业；同年 7 月，青岛市政府联手阿里巴巴，推出了全国首个以城市为会场的电商节庆“青岛品牌电商日”“青岛超级产地日”活动，打造了全国首个城市级电商 IP“青品日”。该活动销售额达到 3.1 亿元，还收到了海外订单。同年 12 月，“青岛制造”首次推出线下联合活动，50 多家青岛制造业企业共同打造了青岛制造品牌线下体验馆，在三区（市南、李沧、西海岸）进行了为期一个月的巡展。新颖有趣的线上、线下活动，不仅为企业带来了切实利益，拉动“青岛制造”产品的网络销售，探索出制造业转型升级的新路径，而且使“青岛制造”在全国的品牌影响力再次提升。

（四）长三角区域：以省际合作打造区域品牌的新高地

近几年，长三角区域的“三省一市”分别推出了区域品牌形象，如“江苏精品”“浙江制造”“安徽名牌”“上海品牌”。2019 年 8 月，长三角区域“11 市 1 区”（江苏南京、苏州、扬州，浙江杭州、宁波、温州、衢州、金华，安徽合肥、芜湖、黄山和上海浦东新区）签署《长三角地区质量交流合作倡议书》，探索一体化的质量监管合作机制，维护长三角地区质量安全；并且，成立长三角检验检测认证行业联盟，提升“包邮区”的产品品质；尝试推动省际品牌互认。例如，一家企业在获评“江苏精品”后参与上海市的招投标，可以享受“上海品牌”的激励政策。依托质量合作平台，“三省一市”协力共同打造“长三角”这一区域品牌，有助于解决当前存在的省际产品质量标准不一、品牌认证不互通等问题，有利于企业跨区域发展，进一步扩大市场。

三、企业品牌向国际化和高端化发展

现阶段，中国正处在经济高速增长转向经济高质量发展的阶段，我国作为制造业大国，在实现高质量发展的过程中，在国际上树立品牌具有重要的意义。2019 年，我国企业品牌在国际化和高端化方面取得了一定进展。

（一）科技类品牌的国际影响力不断加强

在全球最大广告集团 WPP 集团与凯度发布的《2019 年 BrandZ 中国出海品牌 50 强报告》中，我国出海品牌的前 50 强以科技创新类品牌为主，其中，消费电子类品牌占 34%，移动游戏类品牌占 13%，家用电器类品牌占 11%，电子商务类品牌占 10%，智能设备类品牌占 5%；另外，航空公司类品牌占 7%，银行和支付类品牌占 4%，汽车类品牌占 3%，石油和天然气类品牌占 2%。华为是年度品牌力第一的出海品牌。手机品牌中，小米、OPPO、vivo、荣耀、中兴、魅族等都名列出海品牌前 50 强；家电品牌排名也较高，前 10 名中有海尔、海信，另外，TCL、格力、美的等品牌也入选榜单。

（二）家电行业率先实现品牌高端化转型

制造业向高端转型升级是高质量发展的要求。实现“中国制造”从低端向高端突破是我国企业品牌建设的重要使命。家电行业是我国率先向高端化转型并且取得一定进展的行业，家电产品的设计理念、前沿技术应用、产品质量等方面已经跻身国际先进水平。

近年来，海尔、美的、格力等家电企业纷纷进入智能高端家电领域，进行品牌升级。“高端家电”的概念在 20 年前由欧美日韩等国际品牌提出并引入中国。过去很多年，消费者心中的高端家电大部分都是欧洲、日本、韩国的品牌。海尔旗下的卡萨帝品牌是家电行业率先实现品牌高端化转型较为成功的案例。2006 年，卡萨帝的第一代产品上市，目前，卡萨帝已经成为中国高端家电的第一品牌，到 2019 年年底，卡萨帝在万元以上价格的冰箱、空调和洗衣机市场份额居于行业首位。2018 年，美的推出高端家电品牌 COLMO，将人工智能核心技术融入家电产品，通过深度学习及大数据技术，进一步诠释未来智慧家庭的场景。格力采取的是高端创新的路线，2018 年，最新的自主创新成果是在智能家居领域创造了集成化的智慧系统“格力零碳健康家”。

第三章

2019 年工业技术创新热点问题

党的十九大报告提出，创新是引领发展的第一动力，是建设现代化经济体系的战略支撑。《2018—2019 年度全球百强创新机构》报告中，我国的创新实力显著提升。为有利推进工业技术创新发展，我国需进一步提高对部分热点问题的关注程度。我国制造业创新发展、我国的基础研究问题、中国品牌国际影响力的提升、制造业高质量发展的标准体系、新兴科学技术监管成为新的重点问题。

第一节　美国创新《绿皮书》对 2018 年全球创新百强机构报告的启示①

2018 年 12 月，美国商务部发布《追求投资回报，释放美国创新绿皮书》（简称《绿皮书》）。其中提出了包括完善技术创新政策体系、加强“政产学研金”合作、鼓励科研人员创新创业、优化技术转让的工具，以及加强全球科技趋势研判等内容的 5 大战略和 15 项行动计划。

一、《绿皮书》的 5 大战略和 15 项行动计划

战略一：完善美国技术创新政策体系和行政监管方式。《绿皮书》提出了 7 个行动计划，来减少创新成果向商业市场转化的限制。一是明确政府专项许可证的适用定义，在紧迫的国家问题中，政府有权使用财政资助过的发

① 资料来源：赛迪前瞻，《美国创新〈绿皮书〉对我国制造业创新的启示》2019 年第 40 期。

明专利，减少违法违规获得政府专项许可证的现象。二是明确政府使用介入权的条件，在满足国会规定的 4 项条件的情况下，美国政府有权进一步在已有发明专利的基础上进行开发，尽可能提高已有发明专利的自身价值。三是强调美国制造业优先，将美国制造业相关技术的独家许可证修改为非排他性许可证，允许技术拥有者向多家制造业企业转让和授权。四是修改立法，为美国政府研发的软件建立版权。五是加强商业秘密保护力度，将商业秘密信息保护期限延长至 10 年。六是促进美国国家实验室的技术转让，以激励科研人员开展知识产权技术转让。七是激励在编的科研人员向美国政府转让发明专利，简化专利转让流程。

战略二：加强政府与企业和社会资本的技术创新合作。《绿皮书》提出 3 个行动计划，用以推动政府、企业和社会资本的交流和合作。一是提高政府管理效率。建立先进、合理的工作体系，提高技术转让业务效率；建立公平、公正的知识产权许可制度，提高管理效率。二是探索新的合作机制。建立美国研发交易局，通过采取新的工作模式，让研发交易活动的执行更加简化和高效，允许并鼓励美国研发机构设立非营利基金和采用出租不动产权质押贷款等方式，用于技术成熟、成果转让和商业化。三是建立技术成熟基金。帮助得到验证的实验室新技术实现商业化，为这些新技术提供资助金。

战略三：建立一支更具创业精神的研发队伍。《绿皮书》提出 2 个行动计划，来建立一支具有创业精神的研发人员队伍。一是实施科技创业项目。推广 I-Corps① 等创业型研发人员培养项目，指导科研人员找到技术的潜在商业化市场，建立创业型研发人才指派工作机制，留住复合型研发人才。二是对科研人员实施更灵活的人事管理制度。鼓励科研人员建立“创业假期”制度，鼓励科研人员、高级管理人员请假或休假，脱离原单位开展创新创业，并对其承诺可复职回岗。

战略四：优化技术转让的工具和服务。《绿皮书》提出 2 个行动计划，加强创新资源信息管理。一是建立国家创新资源门户网站，提供美国知识产权、研发项目、设施/设备/工具、专业知识、服务和其他相关创新资源等信息。二是建立高效、安全的知识产权数据平台，用于整合知识产权数据，促进企业、高校和科研院所发掘潜在的合作伙伴，加快研发成果的转让。

---

① I-Corps™，即美国国家科技基金创新培训项目（NSF Innovation Corps™），启动于 2011 年，旨在为美国政府资助的校外研究人员提供创业课程。

战略五：加强对全球科技发展现状和趋势的研判。《绿皮书》提出了建立全球竞争力创新绩效指标体系的行动计划，通过编制科技成果影响研究报告及经济影响研究报告等，研判美国在全球科技趋势中所处位置，为美国对技术创新的评估、决策提供参考。

二、对我国制造业创新发展的建议

发挥好政府对技术研发和科技成果转移转化的引导、激励与护航作用。一是加强新兴产业创新成果的知识产权运用和保护力度，促进产业健康发展。二是强化商业秘密保护力度，加快制定商业秘密保护法，为更多的行业和企业的创新活动营造良好环境。三是推进制造业相关优质技术成果转移扩散，最大程度上促进制造业相关优质技术成果的转移扩散。

强化政府、企业、高校和科研院所、社会资本之间的资源共享和精准对接。一是研究设立制造业企业技术成熟基金，支持制造业企业创新，尤其是为技术成熟度在 4～7 阶段的项目提供资金支持。二是鼓励金融机构依托制造业核心企业、高校和科研院所，适当提高贷款信用额度，满足制造业企业研发创新活动的融资需求。

加强研发人员技术转移转化激励，重视研发人员“商业嗅觉”的培养。一是提高研发人员技术成果回报收益。充分调动研发人员的积极性，对研发人员的奖励和报酬额度提高至不低于科技成果转化净收入的 80%；对科技人员取得成果转化现金奖励免征个人所得税比例提高到 100%。二是建立更加灵活机动的“创业假期”制度，鼓励研发人员创新创业。减少对研发人员离岗创业的制度束缚，提高审批效率，营造鼓励创新的氛围，促进更多优秀研发人员参与到市场中。

第二节 我国基础研究现状、存在问题分析和政策建议[①]

一、我国基础研究现状

经过多年发展，我国基础研究整体水平显著提高。面向国家重大需求的

① 资料来源：赛迪内刊，《我国基础研究现状、存在问题分析和政策建议》2019 年第 2 期。

战略高技术研究不断推进，支撑产业发展的作用不断增强。但与科技发达国家相比，我国基础研究投入相对不足，经费来源结构主要依赖于政府及非市场投入，研究实力较为薄弱，重大原创性成果较为缺乏，部分领域的关键核心技术仍受制于人。总体来说，我国基础研究有以下 3 个特点。

（一）从总量看，我国基础研究投入增长较快，占研究与试验发展（R&D）经费比例长期较低

近年来，我国不断加大对基础研究的投入力度。2014—2018 年，我国基础研究经费投入总量由 613.54 亿元提高至 1090.37 亿元，增加了近 1 倍，增速高于主要创新型国家[①]，仅次于美国。2010—2018 年全国研究与试验发展（R&D）经费投入情况如表 3-1 所示。

表 3-1 2010—2018 年全国研究与试验发展（R&D）经费投入情况

年份	R&D 经费/亿元	基础研究经费/亿元	应用研究经费/亿元	试验发展经费/亿元
2010	7062.58	324.49	893.79	5844.30
2011	8687.01	411.81	1028.39	7246.81
2012	10298.41	498.81	1161.97	8637.63
2013	11846.60	554.95	1269.12	10022.53
2014	13015.63	613.54	1398.53	11003.56
2015	14169.88	716.12	1528.64	11925.13
2016	15676.75	822.89	1610.49	13243.36
2017	17606.13	975.49	1849.21	14781.43
2018	19677.93	1090.37	2190.87	1639.67

数据来源：《2019 中国科技统计年鉴》，2019 年 12 月

（二）从影响看，我国基础研究薄弱、结构失衡导致制造业创新能力提升动力不足，部分关键核心技术受制于人

改革开放 40 年来，我国自主创新能力显著提升。随着我国产业逐步发

① 主要创新型国家指国际公认的美国、日本、德国、法国、英国、韩国等国家，其共同特征是创新综合指数明显高于其他国家，研发投入占 GDP 的比例一般在 2%以上，科技进步贡献率在 70%以上，对外技术依存度指标一般在 30%以下。

展，“引进、消化、吸收、再创新”的产业发展模式正遭遇着难以突破的瓶颈。发达国家对我国技术出口管制越发严格，引进技术之路更加艰难。由于长期以来基础研究薄弱，我国在装备、材料、信息、生物等关键领域的基础研究落后于美国、德国、日本等发达国家，大部分原创理论、技术和架构都源于国外。制造业创新多停留在应用层，导致我国核心技术积累不足，多种关键领域核心技术仍然受制于人。

（三）从长远看，我国基础研究主体和载体建设正逐步完善，创新成果逐步涌现、后劲不断增强

面向国家重大需求的战略高技术研究不断推进。超级计算机连续 10 次蝉联世界之冠，采用国产芯片的“神威·太湖之光”超级计算机获得高性能计算应用最高奖项，载人航天和探月工程取得系列重要成果，北斗导航进入组网新时代，载人深潜、深地探测、国产航母等正在进入世界先进行列。

支撑产业发展的作用不断增强。高速列车整体设计等基础技术的突破，是支撑复兴号高速列车领跑的关键一步；移动通信领域基础技术的突破，支撑我国移动通信在 4G 时代基本实现了与国外企业并跑；我国完全自主研发的第三代核电技术已经成功走出国门、出口海外；超高承压能力系统集成设计、常压换刀、伸缩摆动式主驱动、双气路压力控制等多项关键技术的突破，支撑我国盾构机打破欧美垄断，迅速占领国际市场。

我国基础研究主体不断壮大。基础研究载体建设不断完善。上海张江、安徽合肥、北京怀柔综合性国家科学中心建设加快，世界级大科学设施群正在逐步形成。悟空、墨子、慧眼、碳卫星等系列科学实验卫星成功发射，500 米口径球面射电望远镜、上海光源、全超导托卡马克核聚变装置等重大科研基础设施建设完成，有力地支撑了我国的基础研究。

二、我国基础研究存在的问题及原因分析

（一）基础研究经费投入不足，占全国研究与试验发展（R&D）经费比例长期较低

由于过去我国阶段性经济发展方式和目前我国所处的经济社会发展阶段，形成了全社会研发经费投入主要投向试验和发展的局面。工业化前期，全社会的研发经费投入主要用于试验发展研究，注重短期利益；随着工业化

程度的提升，研发经费投入偏向基础研究，注重中长期经济发展的动力和利益；工业化后期，通常会持续、快速提高基础研究投入。

（二）基础研究经费结构较为失衡，企业在应用基础研究投入严重不足

一是企业对基础研究认识不到位，投入动力不足。基础研究具有周期长、高风险、高投入、高技术等特点，实施难度较大，见效慢。对于基础研究，企业对规律、机理、原理等基础研究领域并不了解，多认为理应由高等院校、科研机构来承担。同时，内部评价和外部考核机制也影响着企业对基础研究的投入。

二是企业开展基础研究能力弱，创新型领军企业缺乏。由于基础研究风险高、所需资金庞大、研发实力要求高等原因，企业基础研究主要集中于创新型龙头企业。我国制造业起步较慢，大部分企业实力还较弱，无论从资金上还是在技术积累上都与发达国家的领军企业存在较大差距，无法支撑开展大规模的基础研究。

（三）基础研究中原创性成果少，核心技术突破不足

一是科研基础薄弱。我国科研起步较晚，在核心技术和知识产权方面严重缺乏掌控力和话语权，难以突破国外构建的且较为完整的技术体系和知识产权体系。在高校、科研机构等主要科研主体及科研基础设施上也与发达国家存在较大差距。二是体制机制不利于长期、稳定地开展科学研究。例如，项目评审、人才评价、机构评估还存在一些不符合基础性研究规律和人才成长规律的问题；对不确定性和研究失败的容忍差，忽视基础性研究的累积性规律。

（四）应用基础研究成果转移转化存在“死亡峡谷”，科技经济存在“两张皮”现象

一是企业在基础研究体系中参与不足，应用基础研究成果供需对接不畅。我国整个基础研究体系，主要依靠国家科技计划实施，以高校、科研院所为主，多以项目、课题的形式开展研究工作。企业对基础研究成果缺乏有效整合，难以形成较为完整的基础技术，导致基础研究成果难以对产业形成有效的支撑，最终产业化困难，诸多科研成果束之高阁。

二是基础应用技术、关键共性技术等基础性技术研发载体缺失。我国“大院大所”改革后，基础性技术无专门机构研究，科技到产业之间的创新链出现了断层，使得科研机构缺少承担基础材料、基础零部件（元器件）、基础工艺和产业技术基础等基础性研究的意愿，从而导致我国技术基础薄弱，错失了国际标准话语权的竞争机会。

（五）基础研究领域高端人才缺乏，人才支撑不足

一是潜心于基础研究的人才缺乏，人才存在不合理流动现象。我国在基础研究领域的顶尖基础研究人才和团队比较匮乏，高端人才在国内不正常流动，不利于科研人员长期静心进行研发。基础研究工作的薪酬待遇没有明显优势，加上受行业挤出和虹吸效应影响，造成基础研究领域人才流失。

二是科研人员自主权还未得到进一步释放。高校、科研院所、企业各类科研人员受各种项目计划和考核机制的约束。因此，国家为了赋予科研单位和科研人员更大自主权，出台了一系列相关政策文件。但是，有的部门、地方及科研单位并未及时修订科研管理的相关制度规定；经费调剂使用、仪器设备采购等仍然由相关机构管理；科技成果转化、薪酬激励、人员流动还受到相关规定的约束等，制约了政策实施效果，影响了科研人员的积极性、主动性。近年来我国出台的优化人才科研环境相关政策如表3-2所示。

表3-2　近年来我国出台的优化人才科研环境相关政策

文件名称	发布时间	发布部门	主要内容
《国务院办公厅关于抓好赋予科研机构和人员更大自主权有关文件贯彻落实工作的通知》	2018年12月16日	国务院办公厅	推动预算调剂和仪器采购管理权落实到位；推动项目过程管理权落实到位；科研单位要健全完善内部管理制度；明确科研人员兼职的操作方法；明确科研人员获得科技成果转化收益的具体办法；明确科技成果作为国有资产的管理程序；明确有关项目经费的细化管理制度
《关于进一步加强科研诚信建设的若干意见》	2018年5月31日	中共中央办公厅、国务院办公厅	完善科研诚信管理工作机制和责任体系；加强科研活动全流程诚信管理；进一步推进科研诚信制度化建设；切实加强科研诚信的教育和宣传；严肃查处严重违背科研诚信要求的行为；加快推进科研诚信信息化建设

续表

文件名称	发布时间	发布部门	主要内容
《关于深化项目评审、人才评价、机构评估改革的意见》	2018 年 7 月 3 日	中共中央办公厅、国务院办公厅	优化科研项目评审管理；改进科技人才评价方式；完善科研机构评估制度；加强监督评估和科研诚信体系建设；加强组织实施，确保政策措施落地

数据来源：赛迪智库整理，2019 年

三、政策建议

一是加强顶层设计和统筹协调。加强前瞻性基础研究部署，推动颠覆性原创成果重大突破；加强统筹规划，适当区分基础科学研究和基础应用研究；加强基础研究、应用基础研究的战略咨询；强化中央部门间协调配合，加强沟通。

二是引导和推动企业开展基础研究和应用基础研究。加大中央和地方财政对开展基础研究的支持力度；加快创新型领军企业的培育，引导有条件的企业加强基础研究和应用基础研究；鼓励企业加大研发投入力度，加大对企业研发的普惠性支持，扩大加计扣除、高新技术企业等税收减免政策的受益面，进一步降低企业税负，提升企业开展基础研究的动力。

三是推动基础研究、应用基础研究与产业化对接协同。促进企业、科研院所、高校、“创客”等各类创新主体协作融通；发挥行业主管部门优势，引导企业与部属高校加强对接；提升企业在国家科技计划项目中的话语权。

四是优化基础研究发展机制和环境。深化科研项目和经费管理改革，简化流程，赋予科研机构和人员更大的自主权；深化科研项目和经费管理改革；创新支持方式，实现市场有效配置；营造公平、公开、公正的市场环境，加强质量品牌建设。

五是加强基础研究领域创新人才体系建设。加强部属高校高层次人才建设；推动教育与产业深度融合；完善人才流动管理；鼓励部属高校加强与企业开展协同创新和人才联合培养；发挥部属高校中国家重点实验室等研究基地的集聚作用。

第三节　关于满足制造业高质量发展的标准体系现状分析与评估方法研究[①]

一、制造业标准体系现状分析

（一）标准化综合人才数量不足

标准化工作对技术性的要求较高，由此亟须建设专业素质过硬、技术精良且具有国际化视野和水平的标准化技术人才队伍。目前，我国从事信息化标准研究的专门人才数量不足，且质量有待提升。

（二）企业对标准的参与程度有待进一步加强

部分行业企业对于标准化工作的参与度较低，企业承担技术委员会（TC）秘书处工作及参与 TC 工作的比重较小。目前，在标准的制定过程中，许多相关制造业企业不知情或不知如何参与标准制定，以及没有强烈的使用意识，导致标准执行效果并不好。

（三）标准制定时间相对较长

部分行业标准制（修）订过程延期现象严重，造成部分行业标准技术水平滞后于产业发展水平的现状。我国部分新兴产业的发展标准有缺位、缺口，部分制造业信息化整体水平不高，掌握的领先技术较少，造成以我国主导制定的国际标准和先进的国家标准数量少，导致领域内国际标准和国外先进标准的研究转化率非常低，造成影响行业发展的状况。

（四）现行标准体系层级多、碎片化

现行的标准化工作延续了传统的分工模式，行业交叉领域沟通不充分，产生了大量分散而不成体系的标准，不能适应市场需求；不同标准技术委员会因专业交叉，造成标准的重复制定或不能制定，标准之间因基础标准化技

① 资料来源：研究内刊，《关于满足制造业高质量发展的标准体系现状分析与评估方法研究》2019 年第 4 期。

术委员会和其他机构间的专业交叉问题无法达成协调一致。相关专业的技术委员会之间缺乏合作机制，一些急需的标准无法及时、高效地开展制（修）订工作。

二、标准体系评估方法研究

（一）制造业高质量发展对标准体系的要求

一是要统筹推进新型标准体系的建设，突出系统性。标准门类要完备齐全，标准结构要合理协调，标准制定要规范及时。二是要持续提升标准的整体技术水平，强调先进性。强制性标准要守底线，行业标准要上水平，团体标准要搞创新。三是要强化标准与产业创新的结合，注重适用性。要充分满足发展需求，高度重视应用推广。四是要注重标准“引进来”和“走出去”相结合，增强国际性。提高企业参与程度，加深开放合作，夯实工作基础。

（二）评估指标选取原则及类型

评估指标体系由 4 个一级指标和 10 个二级指标构成。其中，一级指标包括系统性、先进性、创新性和国际性。评估指标的选取遵循 4 个基本原则：全面性、科学性、权威性和可操作性。

（三）评估指标体系说明

评估指标体系中每个一级指标的重要性需要根据行业领域的特征进行衡量，即通过具体行业领域标准方面的专家进行研判，得出一级指标体系的权重分配。评估指标体系如表 3-3 所示。

表 3-3　评估指标体系

一级指标	二级指标
系统性	完备性（100 分）
	协调性（100 分）
	及时性（100 分）
先进性	行业标准技术水平（100 分）
	团体标准示范数量（100 分）
创新性	行业覆盖范围（100 分）
	经济效益（100 分）

续表

一级指标	二级指标
国际性	国际标准转化率（100 分）
	标准的外文版数量（100 分）
	参与和主导制定国家标准数量占年度标准制（修）订总数的比例（100 分）

（四）评估分数的计算方法

评估分数的计算方法包括二级指标得分计算、一级指标得分计算、标准体系得分。

（五）评估结果

为了使标准体系评估结果更明确地展示标准体系与制造业高质量发展之间的关系，评估得分可分成 86～100 分、71～85 分、60～70 分、60 分以下 4 档。

三、对策建议

进一步加强满足制造业高质量发展的标准体系的评价研究；优化标准的系统性，及时更新和发布相关标准；提升标准的先进性，补足团体标准示范数量；增强参与和主导制定国际标准的能力。

第四节 《新兴科学技术监管：从全球历史和现时经验中学习》报告述评与启示①

一、新兴科学技术监管的 8 个关键点

关键点 1：平衡风险。新兴科学技术可以给社会生产和生活带来许多好处，但同时也存在不少风险和问题。新兴科学技术可能与公共健康、环境、法律、道德、隐私和安全产生冲突，对新兴科学技术监管的重要作用就是在其带来的利益与风险之间取得平衡。

① 资料来源：赛迪专报，《〈新兴科学技术监管：从全球历史和现时经验中学习〉报告述评与启示》2019 年第 61 期。

关键点 2：方式多样。对新兴科学技术的监管方式多种多样，新兴科学技术所处环境不同，适用的“最佳”监管方式也不同。不同国家的文化或社会经济存在差异，同一监管方法在不同国家的实施效果就会截然不同，选择适合环境的“最佳”监管方式尤为重要。

关键点 3：主动应对。设计和建立一套科学的监管体系，是主动应对新兴科学技术带来的风险和利益的有效手段。建立监管体系不仅能确保新兴科学技术的各种潜在利益和机会得到利用，而且可以找出主要风险和不确定性。在其建立的过程中，新兴科学技术的每一个利益相关方都可独自建立合适的监管体系，也可通过合作方式共同建立监管体系，以推进新兴科学技术健康发展。

关键点 4：前瞻预见。前瞻预见新兴科学技术的演变路径和潜在影响，对于新兴科学技术监管非常重要。环境、经济、法律、道德、隐私和安全问题等因素都会影响新兴科学技术的发展，提前识别这些因素及其带来的挑战，有助于找准监管重点，提高监管效率。

关键点 5：灵活适应。在前瞻预见的基础上，监管活动需做到灵活监管，以应对新兴科学技术发展中出现的变化。此外，对监管失败事件的应急设计及监管过程中的自我检查机制，是对灵活监管的更高级补充。灵活监管的目标是随着监管的不断推进，利益相关方能够随时应对新挑战，推动新兴科学技术监管在不断调整中日益成熟。

关键点 6：重视协作。新兴科学技术监管应采取包容和协作的方法，通过多个利益相关方或机构合作，使监管体系得到不断完善，从而提高公信力和信任度。《新兴科学技术监管：从全球历史和现时经验中学习报告》（以下简称《报告》）认为，让所有利益相关方参与监管过程，可以提供各种观点和专业知识，有助于平衡与新兴科学技术相关的利益冲突和风险，以及不同利益相关方的需求，最终有助于在利益相关方和新兴科学技术之间建立公信力和信心。

关键点 7：有效沟通。在参与监管过程的不同利益相关方之间进行有效的沟通，是确保监管有效、高效和及时进行的关键。加强与监管过程中主要参与者的有效沟通，能够提高监管的透明度。加强不同利益相关方之间的有效沟通，既有助于理解和划分不同参与者的角色和责任，又能确保监管的透明度。

关键点 8：公众参与。公众参与新兴科学技术的讨论和辩论对新兴科学技术监管具有重要作用。《报告》认为，公众与新兴科学技术充分接触，理解潜在的相关利益和风险，有助于建立问责制，提高对新兴科学技术的信任度，进而更快、更有效地促进其发展和应用。

二、几点启示

建立综合、完善的新兴科学技术监管体系。一方面，要做到提前研判，预测可能产生的社会后果，做好监管规划和指导；另一方面，要建立一套灵活的监管体系，根据新兴科学技术的发展进行动态调整、不断完善。

重视建设保障机制，确保监管体系发挥应有作用。一方面要让政府、企业、社会团体、公众等所有利益相关方积极参与监管，加强沟通协作，提高公信力和信任度，保障监管过程顺利进行；另一方面，要加强对新兴科学技术的正面宣传、舆论监督和科学引导，全面提升公众的科学素养。

对新兴科学技术应用开展动态的安全评估。一方面，要加快应用监测体系的建设，研究新兴科学技术开发、使用及其在经济、社会文化、政治、生态和伦理等方面可能产生的影响，全方位做好对新兴科学技术安全风险的监测预警和应急处置工作；另一方面，要构建对新兴科学技术应用的安全动态评估机制，对人工智能、基因编辑、医疗诊断、自动驾驶等领域技术成熟度、脆弱性、风险隐患等方面进行深入评估，确保技术应用安全有保障。

第五节　2018年全球创新百强机构分析及启示①

一、2018年全球创新趋势发生新变化

《2018年全球创新百强机构报告》（以下简称《报告》）显示，全球创新中心持续向亚洲转移。2018年，亚洲上榜机构达48家，接近全部上榜机构的50%，数量居首位。北美洲上榜机构为33家，紧随其后。欧洲上榜机构为19家，相对落后。从长期看，全球创新中心从西方向亚洲的持续转移趋势明显。

人工智能和5G成为创新热点。2018年人工智能（AI）和5G是两大高速增长的热点技术。人工智能和5G技术都能为机构构建技术壁垒的高战略

---

① 资料来源：赛迪智库。

价值及获得巨额利益的高市场价值。新趋势表明，全球创新领先机构正持续投入和开发这些更高价值的新技术，以保持竞争优势。

高质量、高影响力创新受到高度重视。《报告》显示，近年来，全球创新百强机构的整体创新质量不断提升。2018 年，上榜机构在专利授权率、全球化和影响力三大指标上实现了同比增长，专利授权的成功率不断提升，在全球范围内获得广泛专利授权、对后续创新拥有持续影响力的专利家族数量不断增加，高质量、高影响力的创新越来越受到重视。

二、2018 年中国在百强机构榜单中的表现

中国创新实力明显提升，但与美国、日本等国家相比仍有较大差距。《报告》显示，2018 年，中国创新实力在数量和质量上均有明显提升。一是中国上榜企业数量有所增长。2018 年中国上榜机构达到 3 个。二是中国创新质量显著提升。2012—2018 年，中国在专利授权成功率、全球性和影响力三大指标上实现大幅增长。但从上榜机构数量和持续性上看，2018 年，日本、美国两国共占据上榜机构的 71%，且从 2011 年以来这一比例始终稳定在 70%左右；从专利部署情况看，日本、美国两国在对方国家的专利申请和授权量均保持在总量的 20%左右，表明这两国仍是全球最强大的创新中心。相比之下，中国上榜企业较少，稳定性不足，与美国、日本等国家之间存在较大差距。2018 年全球各国上榜机构占比如图 3-1 所示。

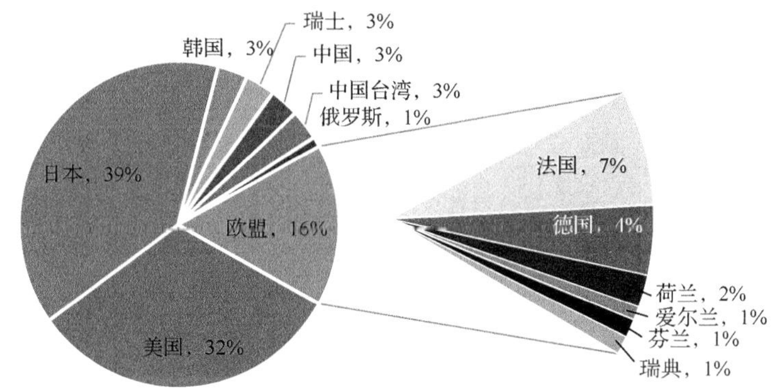

图 3-1　2018 年全球各国上榜机构占比

数据来源：《2018 年全球创新百强机构报告》，赛迪智库整理，2019 年

中国仅在少数行业上拥有创新竞争力，在行业创新的均衡性上明显落后于美国、日本和欧盟等国家和地区。《报告》显示，2018 年，上榜企业分属

10 个行业，其中，硬件和电子、制造和医疗、化学制品和化妆品行业排名前 3，涵盖了 60%的上榜企业。从中国的表现情况看，在硬件和电子、汽车、通信 3 个行业各有 1 家企业上榜。从其他国家的表现情况看，日本上榜机构分布在 7 个行业，拥有 5 大优势行业，包括硬件和电子、制造业和医疗、化学制品和化妆品、汽车、家用品；美国上榜机构分布在 9 个行业，几乎覆盖到榜单上的所有行业类别，突出的优势行业包括硬件和电子、软件；欧盟上榜机构分布在 7 个行业，各行业企业数量相对均衡，优势行业主要是通信、航空和国防，占同行业上榜企业总量的 40%和 50%。对比发现，中国上榜企业涉及行业少，在软件、制造和医疗等领域尚无上榜企业，在行业创新的均衡性上明显落后于美国、日本和欧盟等国家和地区。

中国仅有台湾 1 家公共研发机构上榜，在应用型科技领域缺乏国际竞争力。全球创新百强上榜机构绝大部分是企业，但也有少数公共研发机构。这些公共研发机构尽管数量少，但拥有与企业相媲美的创新能力和效率，其特点是产业化导向明确，面向市场需求，聚焦于关键共性技术，且技术保护与转移转化意识强、效率高。历年上榜机构中，法国、德国的公共研发机构表现最为突出。法国自 2011 年起连续 8 年有机构上榜，其中法国原子能委员会 8 次上榜，法国国家科学研究中心、法国石油与新能源研究院 2011—2016 年 6 次上榜。其次为德国，弗劳恩霍夫应用研究促进协会自 2013 年起连续 6 年上榜。2011—2018 年全球公共研发机构上榜次数和机构数量如图 3-2 所示。

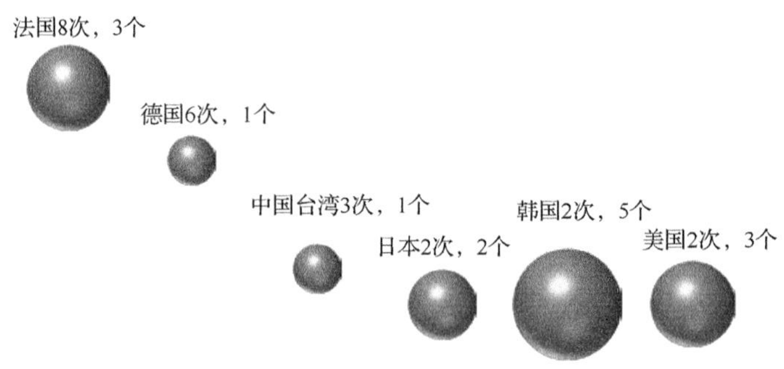

图 3-2　2011—2018 年全球公共研发机构上榜次数和机构数量

数据来源：《2018 年全球创新百强机构报告》，赛迪智库整理，2019 年

三、基于创新百强榜单的思考

第一，重点培养具备国际创新引领能力的龙头企业。重点培育创新型领

军企业，引导企业增加科技创新投入，加快科研成果的产出。优先支持创新型企业参与国家重大科技项目，以及承担具有产业化前景的重大专项、重点研发计划，切实提升企业自主创新能力和积极性。大力扶持企业的知识产权战略布局，引导企业特别是大企业建立、完善创新激励机制和知识产权工作模式，推动提高企业海外专利授权率。

第二，着重提升战略性新兴产业的技术创新能力。继续在新兴信息产业和新能源汽车领域加大投入，继续提升投入产出效率，在全球范围内提升竞争力。在高端装备制造产业、新材料产业、生物产业等领域重点布局，加快培育一批拥有自主知识产权和知名品牌，以及国际竞争力较强的优势企业，发挥产业创新带动作用。

第三，全力建设具有全球影响力的公共研发机构。聚焦产业关键共性技术，布局建设应用型研发机构，重点解决面向行业应用的技术研发和成果转移转化等问题，不断提高应用型研发机构的行业影响力。创新应用型研发机构的运行模式，在战略决策、研发模式、资金投入等方面进行探索，激发机构创新活力。加强公共研发机构的知识产权国际化，合理实施热点专利布局，加强国际专利申请，提高专利国际影响力和商业价值。

行　业　篇

第四章 装备行业

近年来，我国装备制造业厚积薄发，已到了加速释放成长潜能的新阶段。经过多年的技术积累之后，高端装备制造业已经形成了较强的技术积累和自主创新能力。面对国际经济形势愈加错综复杂、国内供给侧结构性改革任务艰巨等外部和内部环境，我国智能制造推进不断深化、高端装备持续创新，互联网、大数据、人工智能与装备工业将加速融合，工业机器人、增材制造、智能网联汽车及无人机等新的经济增长点在培育中不断发展壮大。

第一节　总体情况

一、重点领域技术发展、创新及产业化情况

（一）智能制造

我国初步建立了与国际同步的智能制造标准体系。以大规模个性化定制、网络协同开发、在线监测、远程诊断与云服务等为代表的新业态、新模式得到快速发展，无线通信技术“WIA-FA”标准等7项国际标准、《智能制造　对象标识要求》等74项国家标准相继发布，高档数控机床、工业机器人、增材制造装备、业务管理系统、工业控制系统等智能制造关键技术装备和核心工业软件取得一系列重要突破。阿里云、三一重工、海尔等大型企业布局建设工业互联网平台，中小微企业智能化转型加速推进，一批装备企业、工业自动化供应商、软件开发商、用户企业等加速向智能制造系统解决方案供应商转型。

作为智能制造领域重要组成部分，我国工业机器人发展迅速。2019年，我国机器人市场规模持续增长，达588.7亿元，增长率为9.8%；工业机器人

市场规模为382.2亿元，占整个机器人市场份额的64.9%。行业应用结构方面，2019年，汽车及零部件在我国工业机器人市场的行业应用占比为35.8%；电子电气占比为28.7%；金属加工占比为8.2%；食品医药占比为3.1%；仓储物流占比为2.9%；塑料加工占比为2.8%；其他领域占比为18.5%。2019年，我国机器人本体国产化率不足30%、提升空间还很大，特别是在汽车和3C等对于精度和稳定性要求比较高的领域，大部分市场份额都被外资品牌占据，我国工业机器人本体多集中于码垛、上下料及搬运等相对低端的领域。随着2020年5G开始大规模商用，电子行业对工业机器人的需求有望明显增加。

1. 技术创新情况

我国智能制造发展取得了良好成效，智能制造系统解决方案进一步发展。柔性装配系统、加工环节数字化系统、智能输送系统、智能仓储系统和企业资源计划（ERP）等智能制造系统解决方案市场份额进一步加大，占据市场总份额的58%。2019年，工业和信息化部发布了第二批符合《智能制造系统解决方案供应商规范条件》企业名单，共计35家，涉及汽车、材料、电子、电池、生物医药、通用设备等20余个领域。2019年中国智能制造十大科技进展如表4-1所示。

表4-1 2019年中国智能制造十大科技进展

序号	技术名称	主要内容
1	水产集约化养殖精准测控关键技术与装备	中国农业大学研制9种水质在线测量传感器，研制7种水产专用无线采集器、控制器，构建集传感器、采集器、控制器、养殖装备和云计算平台于一体的池塘和陆基工厂养殖精准测控技术体系
2	中药全产业链智能制造解决方案	苏州泽达兴邦医药科技有限公司针对中药生产系统，研发中药在线质量控制、智能炮制、大数据挖掘、生产制造执行系统、全过程质量追溯管理和过程知识系统（PKS）等系列关键技术群
3	智能工业起重机关键技术与系统集成	南开大学研制智能工业起重机系统，提出并集成轨迹规划与跟踪、防摆、防碰撞等智能算法，大幅提高工业起重机效率
4	磁控微型机器人先进制造系统	香港城市大学机器人与自动化研究中心通过磁场驱动将细胞运送到活生物体内的指定位置，解决了微型机器人在体内同时控制与成像的问题，设计并实现此类可降解微型机器人的批量制造

续表

序号	技术名称	主要内容
5	乘用车智能驾驶平台	吉利汽车研究院研发的乘用车智能驾驶平台，形成智能驾驶系统跨动力总成、跨车型平台匹配标定，实现6个动力平台、55款车型的大规模产业化应用
6	新一代智能数控系统	武汉华中数控股份有限公司新一代智能数控系统建立“两个平台”：“互联网+数控”平台通过NC-Link数控机床车间总线实现设备间互联通信；“智能+数控”平台嵌入人工智能芯片，提供从边缘端、雾端到云端的计算分析能力
7	飞机大型复杂结构件数字化车间	成都飞机工业（集团）有限责任公司依托数控车间基础条件，通过开展面向飞机大型复杂结构件智能制造的工艺支撑技术、数控设备保障技术、制造过程智能管控技术等的研发和集成应用，构建数字化车间，为航空制造业向智能化发展提供技术支撑
8	船舶管件智能制造新模式	武昌船舶重工集团有限公司、江苏自动化研究所通过建设产品生命周期管理系统、智能产线管控系统、柔性管件生产线系统等11个子系统，形成全自动化柔性船舶管件生产线，解决了单件小批量无人制造的非标识别、过程工艺再造、大挠度焊缝跟踪等难题
9	基于物联网与能效管理的用户端电器设备数字化车间	浙江正泰电器股份有限公司用户端电器设备数字化车间，集成制造执行、自动物流、智能仓储、能效管理、产品全生命周期管理等系统，实现从设备控制到生产运营的纵向集成，以及从客户需求到研发、生产、销售的价值链横向集成，从而实现全价值链数字化
10	流程工业智能工厂整体解决方案	浙江中控技术股份有限公司基于自组织拓扑网络技术及自适应动态基准技术构建了智能工厂指标体系，实现了基于工况匹配全操作寻优，将操作寻优周期从人工数天降到系统小时级，实现了流程工业工艺操作知识的全生命周期自主积累与沉淀

数据来源：赛迪智库整理，2020年3月

2. 全国智能制造领域政策发布情况

2019年，各地政府加强完善智能制造领域政策体系。上海市、重庆市、广东省、江苏省、安徽省、山西省等地相继发布了《长三角智能制造协同创新发展倡议》《上海市智能制造行动计划（2019—2021年）》《重庆市智能制造实施方案（2019—2022年）》《广东省智能制造试点示范项目实施方案》《关于进一步加快智能制造发展的意见》《江苏省智能制造示范区培育实施方案（试行）》《安徽省新一代人工智能产业发展规划（2018—2030年）》《山西省智能制造发展2019年行动计划》等一系列政策指导文件。

（二）新能源汽车

2019年，汽车行业在转型升级、环保标准切换及新能源补贴减少等因素的多重影响之下，承受了较大的下行压力，全年产销量同比大幅下降。反观新能源汽车方面，新能源汽车在国家大力提倡节能环保的背景下，受到企业与消费者的大力支持，其占据市场的速度有目共睹。截至2019年年底，我国新能源汽车保有量达381万辆，占全国汽车保有量的1.46%，与2018年年底相比增加120万辆，增长46.05%。其中，纯电动汽车保有量为310万辆，占新能源汽车总量的81.19%。新能源汽车呈快速增长趋势，连续两年增量超100万辆。

1. 技术创新情况

新能源汽车产业的快速增长，推动了动力电池核心零部件的技术进步及标准化制定的推进。

一方面，动力电池系统能量密度不断提升。动力电池正极材料从磷酸铁锂转向高镍三元材料、硅碳负极等高克容量材料，电芯及模组尺寸向德国工业质量标准第一部分（VDA）集中，并成为提高电池能力密度的重要手段。

另一方面，新能源汽车行业标准化建设受到重视。2019年5月，工业和信息化部发布《2019年新能源汽车标准化工作要点》，提出要不断优化和完善新能源汽车标准体系，并制定了电动汽车安全、电动汽车能耗、燃料电池电动汽车、充电设施及加氢系统、动力电池回收利用五大领域标准化工作要点。

2. 新能源汽车行业政策发布情况

2019年，新能源汽车补贴持续减少。2019年3月26日，财政部、工业和信息化部、科技部和国家发展改革委联合发布了《关于进一步完善新能源汽车推广应用财政补贴政策的通知》，取消续航里程小于250公里纯电动乘用车的政策补贴，进一步下调250～400公里续航里程的补贴。同年5月8日，财政部联合其他三部委发布《关于支持新能源公交车推广应用的通知》（以下简称《通知》），《通知》明确加快公交车新能源化、推动公交行业转型升级。同年12月3日，工业和信息化部会同有关部门起草了《新能源汽车产业发展规划（2021—2035年）》，向社会公开征求意见，该政策将成为未来15年我国新能源汽车产业发展的纲领性政策文件。新能源汽车产业相关政策汇总如表4-2所示。

表 4-2　新能源汽车产业相关政策汇总

政策名称	主 要 内 容	政 策 观 点
《新能源汽车产业发展规划（2021—2035 年）》	（1）2025 年新能源汽车新车销量占比达到 25%左右。 （2）2025 年纯电动乘用车新车平均电耗降至 0.12（kW·h）/km，插电式混合动力（含增程式）乘用车新车平均油耗至 0.02L/km。 （3）构建新型业态、鼓励跨界合作。 （4）推动新能源汽车与交通融合发展，构建“出行即服务”新型交通出行服务模式。 （5）完善充换电、加氢基础设施建设。 （6）深化开放合作，引导企业走出去。 （7）放宽市场准入，完善双积分政策。 （8）完善税收优惠政策，破除地方保护	该政策将成为未来 15 年我国新能源汽车产业发展的政策纲领性文件。2019—2025 年复合增速需超过 30%，可谓任重道远。与此同时，从电耗和油耗的目标来看，插电式混合动力乘用车实现目标的难度仍较大。因此，在接下来的较长一段时间里，纯电动乘用车依然会是主流发展方向
《关于进一步完善新能源汽车推广应用财政补贴政策的通知》	（1）补贴金额在 2018 年基础上下滑超过 50%（纯电动乘用车补贴下滑超 50%，客车补贴下滑 70%左右）。 （2）乘用车动力电池系统能量密度低于 125（W·h）/kg 无补贴。 （3）电动乘用车续航里程 250km、客车 200km 以下的车型取消补贴。 （4）地方购置补贴取消，转为补贴充电基础设施等。 （5）不再对系统能量密度 160（W·h）/kg 以上车型设置奖励系数，均按 1 倍补贴	财政补贴大幅减少，新能源汽车制造成本明显上升，产业链各环节技术创新降成本的速度赶不上财政补贴减少的力度，产业发展出现放缓。进而出现一连串反应，导致新能源汽车、动力电池、锂电设备等产业链“洗牌”加速，产业优胜劣汰比预期来得更早
《关于支持新能源公交车推广应用的通知》	（1）地方可继续对购置新能源公交车给予补贴支持。 （2）落实好新能源公交车免征车辆购置税、车船税政策。 （3）应将除公交车外的新能源汽车地方购置补贴资金集中用于支持充电基础设施“短板”建设和配套运营服务等环节。 （4）从 2020 年开始，采取“以奖代补”方式重点支持新能源公交车运营	在普遍取消地方购置补贴的情况下，地方可继续对购置新能源公交车给予补贴支持。地方补贴的存续可以有效缓解车企的压力。毫无疑问，新能源公交车延续补贴政策是新能源企业一针“强心剂”，也是给予行业的缓冲期。 高技术水平优质产品迎来发展期。《通知》要求，适当提高新能源公交车技术指标门槛，重点支持技术水平高的优质产品。有利于企业在智能化、燃料电池、共性平台基础模块研究及对国外产品替代等方面有序进行技术创新

续表

政策名称	主 要 内 容	政 策 观 点
《推动重点消费品更新升级畅通资源循环利用实施方案（2019—2020年）》	（1）大幅降低新能源汽车成本。 （2）加快发展使用便利的新能源汽车。 （3）持续提升汽车节能环保性能。 （4）大力推动新能源汽车消费使用。 （5）加快更新城市公共领域用车。 （6）不断改善配套基础设施	取消新能源汽车的限购、限行，在2020年补贴退出，新能源汽车市场后续政策衔接不完善的情势下，该方案将为新能源汽车消费市场注入“强心剂”。在双积分实施元年、补贴大幅退坡之际，“国五”“国六”切换节点等众多影响因素同时作用下，该方案对于汽车产业引导具有一定的促进作用。从市场供给、促进消费及基础设施保障等各个环节采取措施，以稳定汽车市场，避免出现“断崖式”下滑
《市场监管总局办公厅关于进一步加强新能源汽车产品召回管理的通知》	（1）有关生产者（主要为汽车）获知其生产、销售或进口的新能源汽车在中国市场上发生交通碰撞、火灾等相关事故，应按规定，立即组织调查分析，并向市场监管总局报告调查分析结果。 （2）动力电池、电机和电控系统等零部件生产者获知新能源汽车可能存在缺陷的，应按照规定，向市场监管总局报告，并通报生产者。同时，配合缺陷调查、召回实施等相关工作。 （3）新能源汽车生产者应按规定和要求，建立健全新能源汽车可追溯信息管理制度，落实产品安全主体责任。经调查分析发现存在缺陷的，应立即停止生产、销售、进口缺陷汽车产品，并实施召回	该通知出台后，新能源汽车召回也有法可依。2019年以来，包括蔚来汽车、北汽新能源、南京金龙客车、湖南江南汽车等企业陆续有新能源汽车因安全问题被召回。召回工作不仅给企业带来巨大的经济损失，还给企业品牌造成不可估量的损失。对产品保持足够的“敬畏之心”，已成为电池企业的生存法则之一

数据来源：赛迪智库整理，2020年3月

（三）海洋工程装备

当前，全球海洋工程装备市场已经形成了“欧美设计、亚洲制造”的格局。全球海洋工程装备市场已形成三层级梯队式竞争格局，欧美垄断了海洋工程装备的研发、前期设计、工程总包及关键设备供货，同时建造少量深水高技术装备。主要公司包括美国McDermott公司、法国Technip公司、意大利Saipem公司和Subsea公司等。亚洲国家主导装备制造领域，韩国和新加坡在高端海洋工程装备模块建造与总装领域占据领先地位。其中，韩国垄断了钻井船市场，市场占有率达94%，在浮式生产储油卸油装置（FPSO）市场占有率高达 82%，新加坡在 FPSO 改装市场的份额也高达 67%。

中国企业在自主研发、设计等关键领域仍处于落后位置，尚未进入海洋工程装备产业链的上游位置。我国具备一定的建造能力和研发设计能力，主要从事浅水装备的建造，同时以装备的改装和修理为突破口，逐步开始进军深水装备建造领域，在自升式钻井平台和半潜式钻井平台建造领域占据主导地位，其中，自升式钻井平台市场占有率为 77%。

1. 技术创新情况

2019 年，海洋工程装备行业获国家科学技术进步奖 2 项。一是上海交通大学、中交天津航道局有限公司、中交上海航道局有限公司、长江航道局、中国船舶工业集团公司第七〇八研究所、江苏科技大学、上海振华重工（集团）股份有限公司共同参与的海上大型绞吸疏浚装备的自主研发与产业化项目。二是中国海洋大学、中交第二航务工程局有限公司、中国港湾工程有限责任公司、中石化石油工程设计有限公司、中交武汉港湾工程设计研究院有限公司共同参与的近浅海新型构筑物设计、施工与安全保障关键技术项目。

2019 年，海洋工程科学技术奖通过项目 45 项，包括半潜式水下生产装置下放导向系统研制、大型组块浮托安装专用系列装置研制、渤海自升式平台桩靴基础安全保障技术及应用等项目。

2. 海洋工程装备行业政策发布情况

海洋工程装备产业相关政策汇总如表 4-3 所示。

表 4-3 海洋工程装备产业相关政策汇总

政策名称	主 要 内 容	建 设 目 标
《智能船舶标准体系建设指南（征求意见稿）》	主要针对 4 个方面内容进行建设： （1）基础通用标准：包括术语和定义标准、分级和分类标准、标识和编码标准、人机交互标准、电磁兼容标准、安全与风险评估标准、质量与可靠性标准、检测和评价标准。 （2）共性和关键技术应用标准：包括信息感知、网络与通信、数据管理、系统集成、分析与控制、数字孪生、应用软件。 （3）智能船舶设计、测试与验证标准：包括智能船舶设计、智能船舶测试与验证、智能船载系统及设备。	第一阶段（2019—2021 年）：智能船舶术语定义、分级分类等基础通用标准逐步完善，信息感知、通信协议与接口、数据传输与交换、网络与信息安全、数据处理等共性和关键技术应用标准取得突破。 第二阶段（2022—2025 年）：智能船舶基础通用，智能船舶设计、测试与验证专业标准体系基本形成，智能船舶共性和关键技术应用标准逐步完善，岸基服务标准形成配套支撑，标准体系进一步健全。 第三阶段（2026—2030 年）：智能船

续表

政策名称	主 要 内 容	建 设 目 标
《智能船舶标准体系建设指南（征求意见稿）》	（4）岸基服务标准：包括远程监控服务、信息交互服务、岸基信息平台。 （5）运营管理标准：包括运行指令集、运营操作、船舶设备维护保养	船共性和关键技术应用标准、运营管理标准配套完善，智能船舶标准体系全面形成
《推进船舶总装建造智能化转型行动计划（2019—2020 年）》	（1）攻克智能制造关键共性技术和短板装备：突破船舶智能制造关键共性技术，研制关键环节智能短板装备。 （2）夯实船舶智能制造基础：推进基础管控精细化、数字化，构建船厂信息基础设施，建立船舶智能制造标准体系。 （3）推进全三维数字化设计：推进基于模型的数字化设计体系建设，推进船舶产品数据管理信息化，推进三维数字化交付。 （4）加快智能车间建设：持续优化造船工艺流程，加快中间产品智能生产线建设，建设车间制造执行系统，推动数字化车间应用示范。 （5）推动造船数字化集成与服务：推进设计、生产、管理一体化信息集成，加强造船产业链信息集成，探索造船大数据分析与决策	（1）突破一批关键技术和智能制造装备。突破总体、设计、工艺、管控和决策 5 类船舶智能制造关键技术；攻克船体零件智能理料、船体零件自由边智能打磨、小组立智能焊等 6 种船舶智能制造短板装备。 （2）形成一批智能制造标准和平台。制（修）订船舶智能制造标准 20 项以上，建设试验验证平台 4 个以上、公共服务平台 3 个以上。 （3）建成一批智能制造单元、智能生产线和智能化车间。形成型材加工、板材加工、分段喷砂除锈、分段涂装及可挥发性有机物（VOC）处理等智能制造单元，建成型材切割、小组立等 6 种船舶中间产品智能生产线，以及分段制造、管子加工、分段涂装等船舶智能化车间

数据来源：赛迪智库整理，2020 年 3 月

（四）机械制造

目前，以信息技术为代表的现代科学技术的发展对机械制造提出了更高、更新的要求，更加凸显了机械装备制造业作为高新技术产业化载体在推动整个社会技术进步和产业升级中不可替代的基础作用。现代机械制造技术将现代管理技术、传感技术、信息技术与智能控制有机结合，对机械设计和机械制造全流程进行管理，现代机械制造技术正逐渐向着虚拟化、一体化、生态化方向发展。

我国机械制造行业呈现集群化发展的良好态势，涌现出了一大批高、精、尖的新产品，其中包括精度高达一根头发丝直径 1/80 的数控机床、国内首台印刷堆积机和打捆机、起吊重量达到数 10 吨的起重机等。我国机床与基础

制造装备取得了巨大的成就，已经跃升为第一大生产国和消费国，其中，中低档的加工装备不仅能够满足国内制造业发展的需求，还大量出口至国外。

1. 技术创新情况

随着高档数控机床与基础制造装备重大科技专项的实施，五轴联动车铣复合加工中心、双主轴车削中心、纳米精度磨床、重型模锻设备与压力机、无模铸造设备等一批高档数控机床与基础制造装备技术得到突破，加工精度已经从丝级提升至微米级。

2019 年，中国机械工业科学技术奖评审中，机床工具行业共 13 项项目获奖，其中获得一等奖的项目共 3 项。一是成都飞机工业集团有限责任公司、南京航空航天大学、电子科技大学、西南交通大学联合开展的五轴联动加工精度“S”形试件技术与应用项目。二是重庆大学、重庆机床集团有限责任公司、重庆交通大学、浙江双环传动机械股份有限公司、浙江万里扬股份有限公司、重庆蓝黛动力传动机械股份有限公司、重庆世玛德智能制造有限公司、重庆工具厂有限责任公司、重庆工商大学联合开展的高速干切滚齿关键技术、工艺装备及自动生产线项目。三是郑州磨料磨具磨削研究所有限公司、北京中电科电子装备有限公司、河南联合精密材料股份有限公司联合开展的半导体芯片高效精密划切超薄砂轮关键技术开发及应用项目。

2. 机械制造行业创新中心建设情况

国家农机装备创新中心（以下简称创新中心）通过技术委托开发、技术孵化初创项目公司、产品销售等方式实现技术扩散、成果转化和首次商业化，为潍坊智能农机装备技术创新研究院、河南德昌机械制造有限公司、北京中科晶上科技股份有限公司、洛阳中收机械装备有限公司、一拖（洛阳）烟草机械有限公司等单位提供产品输出及技术服务。创新中心拥有拖拉机动力系统国家重点实验室、农业生产机械装备国家工程实验室、国家农业机械工程技术研究中心等 8 家国家级研发平台，现代农业装备国家地方联合工程研究中心等 3 个国家地方联合工程实验室（研究中心），以及国家拖拉机质量监督检验中心等 4 家国家级质量监督检验中心。

目前，创新中心研发成果丰富，完成了国内第一款集控制、计算、通信为一体的智能农机控制芯片研发，实现了多核异构、多级总线系统架构设计，完成了芯片模块设计验证和系统集成；持续开发了农业信息数据采集终端、水肥一体机、太阳能杀虫灯等 13 种智慧农业设备及智能农耕系统，为精准农业实施提供集中模式的环境数据采集和调控；针对经济作物机械化需求，完成了果蔬类作物植保需求的“龙耕系列”智能农业机器人试制；运用增材技术提升农机入土部件（旋耕刀、犁铧尖）的耐磨性能，将新型农机入土部件的作业寿命提升至现有产品作业寿命的3倍以上；建设完成了农机运维与管理平台、农业监管平台等多项信息化平台，其中农机运维与管理平台已完成3万余台农机数据的接入与回传，数据覆盖31个省、108个生产商、26种类型农机，为行业提供广泛的技术服务。目前，创新中心各研发项目已取得阶段性成果，参与国家及省市项目7项，已申报知识产权210余项，获得授权的知识产权100余项，行业影响力逐渐扩大。

二、重要数据

装备制造业分行业企业R&D人员、经费支出、企业办研发机构情况如表4-4所示。

表4-4　装备制造业分行业企业R&D人员、经费支出、企业办研发机构情况

行　业	企业R&D人员/人	经费支出/万元		企业办研发机构/个
		内部支出	外部支出	
通用设备制造业	305859	7356003	255378	7465
专用设备制造业	274320	7257638	162060	6357
汽车制造业	365477	13121411	1618458	4034
铁路、船舶、航空航天和其他运输设备制造业	130860	4008146	677043	1388
电气机械和器材制造业	441165	13201357	400818	9680
仪器仪表制造业	97354	2232177	89986	2092

数据来源：《中国科技统计年鉴2019》，2019年12月

装备制造业分行业工业企业新产品开发、生产及销售情况如表4-5所示。

表4-5　装备制造业分行业工业企业新产品开发、生产及销售情况

行　业	新产品开发项目数/项	新产品销售收入/万元	新产品出口收入/万元
通用设备制造业	53128	100236056	15063913
专用设备制造业	46597	84073383	11634032
汽车制造业	40322	256795586	12887080

续表

行　　业	新产品开发项目数/项	新产品销售收入/万元	新产品出口收入/万元
铁路、船舶、航空航天和其他运输设备制造业	13382	56039830	11499332
电气机械和器材制造业	67027	225188311	45409743
仪器仪表制造业	17285	21445571	2940465

数据来源：《中国科技统计年鉴 2019》，2019 年 12 月

装备制造业分行业工业企业自主知识产权情况如表 4-6 所示。

表 4-6　装备制造业分行业工业企业自主知识产权情况

行　　业	专利申请数/项	发明专利申请数/项	有效发明专利数/项
通用设备制造业	78960	24789	78732
专用设备制造业	81540	28610	97839
汽车制造业	66367	19678	57360
铁路、船舶、航空航天和其他运输设备制造业	24492	10641	33164
电气机械和器材制造业	152766	54776	136014
仪器仪表制造业	25087	8822	28460

数据来源：《中国科技统计年鉴 2019》，2019 年 12 月

第二节　主要问题

一、核心技术水平亟须提升

高端装备和关键部件受制于人。一是重点领域发展急需的专用生产设备、专用生产线及专用检测系统等存在明显短板，集成电路、生物制药、新材料等产业的技术装备大量依赖国外进口。二是部分关键部件核心技术仍未掌握。据统计，目前我国重大技术装备进口免税目录中直接进口的零部件和原材料涉及装备行业的 10 多个重点领域。三是一些高端装备长期面临发达国家封锁，短时间难以完成技术突破的问题。

部分装备产品和零部件质量与国外相比差距较大。质量标准体系建设落后，部分产品的技术标准不完善、实用性差，不能完全适应重大技术装备高

质量发展需求。同时，品牌效应尚未建立，缺乏能与国外知名品牌相抗衡的国产自主品牌。

二、创新载体布局尚待优化

2016 年，工业和信息化部发布了《制造业创新中心工程建设实施指南（2016—2020 年）》，计划在“十三五”期间建设 15 家国家制造业创新中心。同期，科技部、国家发展改革委也相继出台《国家技术创新中心建设工作指引》及《国家产业创新中心建设工作指引（试行）》等政策文件。

2016—2019 年，相关创新载体的建设为推动我国技术创新发挥了一定作用。但需要引起重点关注的是，现有创新载体在职能定位、发展方向等方面存在一定的交叉重叠，在一定程度上导致了重复建设和资源投入分散等问题。另外，现有创新载体建设缺乏载体间合作机制，无法充分发挥创新载体整合资源、协同创新的枢纽作用，以至于各自形成创新的“闭路循环”。

三、创新机制体制有待完善

装备制造领域规划制定、技术创新研发、市场推广应用、相关政策补贴等职能分散在多个部门，沟通协调系统性不足，缺乏强有力的统筹协调机制，资金链与产业链、创新链尚未形成合力。

技术创新人才培育体系建设不足。对于大型装备产品而言，其研发团队与辅助人员可达数千甚至数万人，人才缺口巨大。而我国针对这种技术密集和资金密集的高端行业尚未建立人才培育机制，对企业技术创新与自主研发能力提升的支撑能力不足。

体制内创新能量尚未有效得到释放。以大型央企为代表的骨干企业创新效率与市场变化节奏无法及时匹配。以民营企业为主的零部件制造企业，难以进入相对封闭的重大技术装备制造体系，创新资源在体制内存在“打圈圈”现象。

第三节　对策建议

一、加快推动关键核心技术攻关

出台推动重大短板装备创新发展的指导性文件，聚焦重点、远近结合，制定发布年度重大短板装备重点推进目录，加快突破研发、基础共性技术和正向设计。在航空航天发动机、工业机器人关键部件、数控机床国产化等重点方向，梳理关键共性技术难题，并结合行业发展情况制定攻关任务的时间表、路线图，聚集优势创新力量，加快推动关键领域核心技术和产品协同攻关，并促进技术向产业的转移扩散。

着力打造一批关键共性技术研发平台，鼓励组建重大技术装备研发创新联盟，建立“产学研用”结合、上下游衔接、大中小企业协同的创新机制。

二、完善装备制造创新机制体制

加强重大规划、重大政策等全局性工作的谋划指导，协调多方资源协同推进装备制造行业创新机制建设，加强落实具有示范引领性的创新成果示范工程，促进跨地区、跨行业、跨领域装备制造试点示范和推广应用。

建立咨询保障机制，为制定政策、标准规范等提供咨询建议。以专项计划的形式集中国家的优势力量和有限资源，在若干领域内实现跨越式发展。

发挥产业集聚效应，培育特色装备制造基地，加强长三角、珠三角、东北地区、西南地区等产业集群优势建设。实行战略性结构重组，优化装备企业组织结构。发挥产业链辐射效应，提高重大技术装备成套能力。树立绿色理念，实施绿色制造，增强可持续发展能力。

三、持续推动智能制造不断深化

深化制造业与互联网融合发展试点示范，开展智能制造成套装备的集成创新和应用示范，加快重点领域研发和产业化，推动人工智能、云计算、大数据、工业互联网等新一代信息技术与装备制造业深度融合。

推动传统产业不断提质升级，加速智能制造为传统产业和优势产业赋能赋智，加速推动各区域新旧动能转换。不断深入推进智能制造工程，优化推广国家智能制造标准，推进产学研协同创新，突破工业机器人、增材制造等关键技术。

积极培育智能制造创新生态体系，推行人工智能产业创新重点任务“揭榜挂帅”机制，加快提升核心工业软件、工业互联网平台和系统解决方案供给能力。

第五章

原材料行业

原材料行业作为国民经济基础性行业，经过 40 多年发展，我国原材料行业取得长足进步，产业规模已多年位居世界第一，多项产品和技术达到世界先进水平。2019 年，原材料行业深入贯彻落实党中央、国务院部署要求，持续推进供给侧结构性改革，着力开展结构调整、提质增效，进一步巩固去产能成果，加大技术创新力度，推动行业绿色化、智能化发展。分领域来看，钢铁行业运行总体平稳，粗钢产量再创历史新高，经济效益有所下滑；有色金属行业运行情况总体平稳，电解铝新增产能得到严控，智能化、绿色化水平不断提升；石化行业运营平稳、稳中有进且稳中向好；建材行业整体运行较好，新兴建材产业加快发展，产业布局逐步优化。

第一节　总体情况

一、重点领域技术发展、创新及产业化情况

（一）钢铁行业

2019 年，钢铁行业运行总体平稳，供给侧结构性改革不断深入。粗钢产量再创历史新高，钢材价格窄幅波动，钢材进出口双双下降，经济效益与 2018 年相比大幅下滑。全国生铁、粗钢和钢材产量分别为 8.09 亿吨、9.96 亿吨和 12.05 亿吨，分别同比增长 5.3%、8.3%和 9.8%。

2019 年，钢铁行业市场需求较好。基建、房地产等下游行业运行稳定，国内粗钢表观消费量约 9.4 亿吨，同比增长 8%。进出口方面，2019 年全年累计出口钢材 6429.3 万吨，同比下降 7.3%；累计出口金额为 537.6 亿美元，同比降低 11.3%。累计进口钢材 1230.4 万吨，同比下降 6.5%；累计进口金额

为 141.1 亿美元，同比降低 14.1%。累计进口铁矿石 10.7 亿吨，同比增长 0.5%，进口金额为 1014.6 亿美元，同比增加 266.4 亿美元，增幅为 33.6%，全年平均价格为 94.8 美元/吨，同比增加 34.3%。经济效益方面，2019 年，中国钢铁工业协会会员钢铁企业实现销售收入 4.27 万亿元，同比增长 10.1%；实现利润 1889.94 亿元，同比下降 30.9%；累计销售利润率为 4.43%，同比下降 2.63 个百分点。①

1. 技术创新情况

2019 年，钢铁行业共荣获 3 项国家科技进步奖，其中一等奖 1 项，二等奖 2 项。

一是高品质特殊钢绿色高效电渣重熔关键技术的开发和应用。该项目由东北大学、宝武特种冶金有限公司、舞阳钢铁有限责任公司、辽宁科技大学、通裕重工股份有限公司、中钢集团邢台机械轧辊有限公司、大冶特殊钢股份有限公司、江阴兴澄特种钢铁有限公司、邢台钢铁有限责任公司和沈阳华盛冶金技术与装备有限责任公司联合研究完成，荣获国家科技进步一等奖。该项目通过“产学研用”联合攻关，突破了电流摆动、炉内气氛检测等多项关键技术，形成 2 项国际标准，实现绿色高效电渣冶金，相关成果已经成功在 60 余家企业得到推广和应用。

二是废弃物焚烧与钢铁冶炼二噁英污染控制技术与对策。该项目由中国科学院生态环境研究中心、宝山钢铁股份有限公司、环境保护部环境保护对外合作中心和中科实业集团（控股）有限公司联合研究完成，荣获国家科技进步二等奖。该项目主要聚焦工业生产过程中二噁英污染问题的研究，特别是针对钢铁冶炼过程中二噁英的产生和控制。该项目解决了我国二噁英污染治理的关键问题，为我国大气污染控制做出了突出贡献。

三是贫杂铁矿石资源化利用关键技术集成与工业示范。该项目由东北大学、鞍钢集团矿业有限公司和河北钢铁集团滦县司家营铁矿有限公司联合研究完成，荣获国家科技进步二等奖。该项目经过 10 余年产学研联合科技攻关，突破了国际公认的贫杂铁矿石资源化利用关键技术。该项目成果为我国铁矿石资源安全做出突出贡献，进一步保障我国资源安全。

① 工业和信息化部原材料工业司网站：《2019 年钢铁行业运行情况》，http://www.miit.gov.cn/n1146285/n1146352/n3054355/n3057569/n3057572/c7812121/content.html。

此外，2019年我国钢铁行业还取得以下重大技术创新：一是太原钢铁成功研制高纯净不锈钢 316H，将用于我国首个第四代钠冷快堆；二是沙钢集团研制的我国首条超薄带成功工业化生产；三是中天钢铁和上海大学共同研制的世界首创连铸技术成功工业化生产。

2. 全国钢铁行业政策发布情况

2019年4月30日，国家发展改革委、工业和信息化部和国家能源局印发《关于做好2019年重点领域化解过剩产能工作的通知》，其中工作要点要求：一是全面完成既定目标任务，深入推进化解钢铁过剩产能。二是要求确保“僵尸企业”应退尽退。三是依法依规退出落后产能，依法依规关停退出落后的钢铁冶炼产能。四是防范“地条钢”死灰复燃和已化解过剩产能复产，要抓紧研究提出防范“地条钢”死灰复燃的有效办法和政策措施。五是严禁新增产能，禁止各地以任何名义备案新增钢铁冶炼产能项目。六是开展巩固化解钢铁过剩产能成果专项抽查。七是完善举报响应机制。八是探索主动发现违法违规行为的有效机制。九是明确责任，严肃查处各类违法违规行为。十是着力解决重点区域产能不合理问题。同时，要积极稳妥推进企业兼并重组、维护钢材市场平稳运行、维护铁矿石市场平稳运行、支持钢铁企业与上下游企业合作共赢、加快推进行业绿色发展、促进行业技术进步、引导电炉炼钢工艺发展、提升钢铁行业国际化水平、做好钢铁行业产能调查等基础性工作和完善重大问题沟通协调机制。

2019年11月1日，工业和信息化部发布《焦化行业规范条件（征求意见稿）》，对焦化行业规范条件明确了进一步要求，引导和规范焦化生产企业投资和生产经营，促进焦化行业高质量发展。规范条件要求：一是严控产能。按照《国务院关于印发打赢蓝天保卫战三年行动计划的通知》要求，京津冀及周边地区、长三角地区、汾渭平原等重点区域严禁新增焦炭生产能力。二是工艺与装备限制。主体装备应满足《产业结构调整指导目录》要求。三是环境保护。对环保设施、环境管理做出相关要求。四是能源消耗和资源综合利用。要求焦化生产企业须具备健全的能源管理体系，能耗符合国家标准《焦炭单位产品能源消耗限额》《兰炭单位产品能源消耗限额》的规定。五是安全生产和职业卫生。焦化生产企业应符合相关法律法规。六是严控产品质量。焦化生产企业主要产品须符合国家、行业或地方标准。鼓励焦化生产企业建立系统化和规范化的质量管理体系并有效运行。

2020年1月23日，国家发展改革委、工业和信息化部联合印发《关于完善钢铁产能置换和项目备案工作的通知》(以下简称《通知》),旨在进一步深化供给侧结构性改革,促进钢铁行业高质量发展。《通知》要求:一是从 2020 年 1 月 24 日起,暂停钢铁产能置换和项目备案;二是开展 2016 年以来备案的钢铁产能项目、钢铁产能置换项目自查;三是根据部际联席会议安排,国家发展改革委和工业和信息化部将制定出台相关政策文件;四是各地区要加强贯彻落实和督促检查。

(二)有色金属行业

2019 年,我国有色金属行业持续深化供给侧结构性改革,不断推进控产能、绿色转型、提质增效等工作,行业运行情况总体平稳。

2019 年,10 种有色金属产量为 5842 万吨,同比增长 3.5%,增幅同比回落 2.5 个百分点。规模以上有色金属工业增加值增长 8.2%,高于工业平均 2.5 个百分点。有色行业固定资产投资扭转 2019 年一季度以来同比大幅下降的趋势,全年投资累计增长 2.1%,其中,矿山投资同比增长 6.8%,冶炼及加工行业投资同比增长 1.2%,行业节能减排技术改造、高端材料等领域的投资不断加快。受供给增加影响,2019 年,国内原镁均价为 15949 元/吨,同比下跌 3.3%。据行业协会调研,受价格下跌、成本上升等影响,镁冶炼企业实际盈利水平同比小幅下降。铅、锌精矿产量分别为 123.1 万吨、280.6 万吨,同比下降 7.5%、1%,国内铅锌矿产资源自给率不断下降。2019 年,铅、锌产量分别为 580 万吨、624 万吨,同比增长 14.9%、9.2%。①

1. 技术创新情况

2019 年,有色金属行业共荣获 3 项国家科技进步二等奖。

一是铝合金节能输电导线及多场景应用。该项目由全球能源互联网研究院有限公司、中南大学、国网辽宁省电力有限公司、上海电缆研究所有限公司、国网湖南省电力有限公司、亨通集团有限公司、远东控股集团有限公司联合研究完成,荣获国家科技进步二等奖。该项目经过多年产学研联合攻关,突破了一系列高性能铝合金节能输电导线制备关键技术并实现产业化,整体技术水平处于国际先进水平,大大提高我国能源效率,促进输电行业的节能减排。

①工业和信息化部原材料工业司网站:《2019 年有色金属行业运行情况》,http://www.miit.gov.cn/n1146285/n1146352/n3054355/n3057569/n3057572/c7808637/content.html。

二是大尺寸铝合金车轮成型关键技术及应用。该项目由北京航空航天大学、中信戴卡股份有限公司、秦皇岛信越智能装备有限公司、佛山市南海奔达模具有限公司、青岛航大新材料技术有限公司联合研究完成，荣获国家科技进步二等奖。该项目经过 10 余年科技攻关，首创国内外多项技术，项目成果在多家铝合金车轮制造企业推广应用，产业化效果显著，大大降低我国铝合金车轮的制造成本。

三是冶金炉窑强化供热关键技术及应用。该项目由昆明理工大学、中国铜业有限公司、金川集团股份有限公司、北京赛维美高科技有限公司、宝山钢铁股份有限公司联合研究完成，荣获国家科技进步二等奖。该项目经过 20 多年的不懈攻关，取得一系列冶金炉窑强化供热理论和技术突破，有效改善冶金工业能耗大的问题，显著提升了我国冶炼技术及装备的国际竞争力。

2. 全国有色金属行业政策发布情况

2019 年 1 月 4 日，工业和信息化部发布《关于持续加强稀土行业秩序整顿的通知》，要求进一步规范市场秩序，提升行业发展质量，持续加强稀土行业秩序整顿。一是加强重点环节管理，要确保稀土资源有序开采，严格落实开采和冶炼分离计划，规范资源综合利用，强化产品流通监管。二是不断增强行业自律，提升集团管控能力，发挥中介组织作用。三是提升行业发展质量，促进绿色高效发展和积极推动功能应用。

2019 年 9 月 6 日，工业和信息化部发布《铜冶炼行业规范条件》的公告，要求进一步加快铜产业转型升级，促进铜冶炼行业技术进步，提升资源综合利用率和节能环保水平，推动铜冶炼行业高质量发展。

（三）石化行业

2019 年，石油和化工行业生产总体平稳，增加值持续增长。根据中国石油和化学工业联合会发布的信息，2019 年，石油和化工行业增加值同比增长 4.8%；营业收入为 12.27 万亿元，同比增长 1.3%；利润总额为 6683.7 亿元，同比下降 14.9%；进出口总额为 7222.1 亿美元，同比下降 2.8%；原油天然气总产量为 3.47 亿吨（油当量），同比增长 4.7%；主要化学品总产量同比增长约 4.6%。①

① 中国石油和化学工业联合，2020 年 3 月 3 日，中国石油和化学工业经济运行新闻发布会。

1. 技术创新情况

2019 年，石油和化工行业共荣获 5 项国家科技进步二等奖。

一是多类型复杂油气藏叠前地震直接反演技术及基础软件工业化。该项目由中国石油大学（华东）、中国石油化工股份有限公司胜利油田分公司、中海油研究总院有限责任公司、中国石油集团西北地质研究所有限公司联合研究完成，荣获国家科技进步二等奖。该项目在岩石物理机制、反演精度等方面取得了重要成果，有力推动了我国油气勘探开发向深层、深水、非常规等领域推进。

二是薄储层超稠油高效开发关键技术及应用。该项目由中国石油化工股份有限公司胜利油田分公司、中国石油化工股份有限公司石油勘探开发研究院联合研究完成，荣获国家科技进步二等奖。该项目经过多年产学研联合攻关，破解超稠油高效开发难题，形成 7 项企业技术标准，关键技术填补了国内空白。

三是芯片用超高纯电子级磷酸及高选择性蚀刻液生产关键技术。该项目由湖北兴发化工集团股份有限公司、中国科学院过程工程研究所、武汉工程大学、湖北兴福电子材料有限公司联合研究完成，荣获国家科技进步二等奖。该项目突破芯片用超高纯电子级磷酸及高选择性蚀刻液生产关键技术，整体技术水平达世界先进水平，有力支撑了我国芯片制造产业高质量发展。

四是特种高性能橡胶复合材料关键技术及工程应用。该项目由无锡宝通科技股份有限公司、北京化工大学、中国化学工业桂林工程有限公司联合研究完成，荣获国家科技进步二等奖。该项目成功研制出特种高性能橡胶复合材料，打破国外垄断，实现高端输送带产品国产化。

五是炼化含硫废气超低硫排放及资源化利用成套技术开发与应用。该项目由中国石油化工股份有限公司齐鲁分公司、中国石油化工股份有限公司中原油田普光分公司、山东齐鲁科力化工研究院有限公司、中石化洛阳工程有限公司、中国石油化工股份有限公司九江分公司联合研究完成，荣获国家科技进步二等奖。该项目成果技术水平达到国际领先水平，应用后石油天然气炼化、净化装置的二氧化硫排放大幅减少，硫元素得到有效回收利用。

2. 全国石化行业政策发布情况

2019 年 8 月 12 日，应急管理部印发《化工园区安全风险排查治理导则（试行）》《危险化学品企业安全风险隐患排查治理导则》，要求深入排查化工园区和危险化学品企业安全风险，提高化工园区和危险化学品企业安全管理水平，有效防范危险化学品重特大安全事故，保护人民群众的生命和财产安全。

2020 年 2 月 26 日，中共中央办公厅、国务院办公厅印发《关于全面加强危险化学品安全生产工作的意见》，要求强化安全风险管控、强化全链条安全管理、强化企业主体责任落实、强化基础支撑保障和强化安全监管能力，全面加强危险化学品安全生产工作，有力防范和化解系统性安全风险，坚决遏制重特大事故发生，有效维护人民群众的生命和财产安全。

（四）建材行业

2019 年，建材行业以供给侧结构性改革为主线，以质量和效益为中心，化解过剩产能成果进一步巩固，经济效益明显提升，产业结构逐步优化，行业运行情况总体良好。

一是生产保持增长。2019 年全年，建材工业增加值同比增长 8.5%，比整个工业增速高 2.8 个百分点，主要建材产品生产总体保持增长。二是价格有所提高。2019 年，建材产品价格水平同比增长 3.3%。全国通用水泥平均出厂价格为 414.2 元/吨，同比增长 4.4%；平板玻璃平均出厂价格为 75.5 元/重量箱，同比增长 0.2%。三是效益持续提升。2019 年，建材工业规上企业完成主营业务收入 5.3 万亿元，同比增长 9.9%；利润总额 4624 亿元，同比增长 7.2%，销售利润率为 8.7%。水泥制品、特种玻璃、建筑卫生陶瓷制品、防水建筑材料、玻璃纤维增强塑料制品利润总额同比分别增长 24.2%、19.4%、26.4%、15.4%、49.8%[①]。

1. 技术创新情况

2019 年，建材行业共荣获 2 项国家科技进步二等奖。

一是现代混凝土开裂风险评估与收缩裂缝控制关键技术。该项目由东南大学、江苏苏博特新材料股份有限公司、江苏省建筑科学研究院有限公司联合研究完成，荣获国家科技进步二等奖。该项目发明了 4 类抗裂功能材料，应用于百余项重大工程。

二是地下空间防水防护用高性能多材多层高分子卷材成套技术及工程应用。该项目由北京东方雨虹防水技术股份有限公司、北京化工大学、岳阳

① 工业和信息化部网站：《2019 年建材行业运行情况》，http://www.miit.gov.cn/n1146285/n1146352/n3054355/n3057569/n3057572/c7666142/content.html。

东方雨虹防水技术有限责任公司、北京东方雨虹防水工程有限公司联合研究完成，荣获国家科技进步二等奖。该项目经过多年攻关，获得专利 14 项，技术达到国际先进水平。

2. 全国建材行业政策发布情况

2019 年 11 月 6 日，市场监管总局办公厅、住房和城乡建设部办公厅、工业和信息化部办公厅发布《关于印发绿色建材产品认证实施方案的通知》，要求成立绿色建材产品标准、认证、标识推进工作组（以下简称推进工作组），由市场监管总局、住房和城乡建设部、工业和信息化部有关司局负责同志组成，负责协调指导全国绿色建材产品标准、认证、标识工作，审议绿色建材产品认证实施规则和认证机构技术能力要求，指导绿色建材产品认证采信工作；组建技术委员会，为绿色建材认证工作提供决策咨询和技术支持。

二、重要数据

2018 年原材料分行业企业 R&D 人员、经费支出、企业办研发机构情况如表 5-1 所示。

表 5-1　2018 年原材料分行业企业 R&D 人员、经费支出、企业办研发机构情况

行　业	企业 R&D 人员/人	经费支出/万元		企业办研机构/个
		内部支出	外部支出	
石油、煤炭及其他燃料加工业	25187	1454100	62120	336
化学原料和化学制品制造业	248188	8999255	239003	6293
黑色金属冶炼和压延加工业	153751	7068794	116230	913
有色金属冶炼和压延加工业	114063	4425396	54559	1672

数据来源：《中国科技统计年鉴 2019》，2019 年 12 月

2018 年原材料制造业分行业工业企业新产品开发、生产及销售情况如表 5-2 所示。

表 5-2　2018 年原材料制造业分行业工业企业新产品开发、生产及销售情况

行　业	新产品开发项目数/项	新产品销售收入/万元	新产品出口收入/万元
石油、煤炭及其他燃料加工业	2323	32059068	567111
化学原料和化学制品制造业	37432	123874658	11818654
黑色金属冶炼和压延加工业	9760	95748048	6737601
有色金属冶炼和压延加工业	10364	80367983	5368811

数据来源：《中国科技统计年鉴 2019》，2019 年 12 月

2018 年原材料制造业分行业工业企业自主知识产权情况如表 5-3 所示。

表 5-3　2018 年原材料制造业分行业工业企业自主知识产权情况

行　业	专利申请数/项	发明专利申请数/项	有效发明专利数/项
石油、煤炭及其他燃料加工业	2884	1263	4784
化学原料和化学制品制造业	42545	20910	61451
黑色金属冶炼和压延加工业	14303	5883	17006
有色金属冶炼和压延加工业	14259	4881	17256

数据来源：《中国科技统计年鉴 2019》，2019 年 12 月

第二节　主要问题

一、结构性矛盾问题仍然存在

近年来，去产能一直是原材料行业的重点。目前来看，传统产品普遍存在产能过剩的问题，但高端产品供给仍然不足，难以满足人民日益增长的对美好生活的需要。

在钢铁材料领域，粗钢产能居高不下，一些低品质的建筑用钢产能过剩，而海洋工程装备及高技术船舶用的大线能量焊接钢、LNG 船用殷瓦钢、高锰耐蚀钢，先进轨道交通装备用的高铁轮对用钢、高速重载高强度钢轨，节能与新能源汽车用的超强汽车钢等仍然无法自足或需要进口。

在有色金属材料领域，电解铝、电解铜、铅锌冶炼等初级产品的产能过剩，而电子级 12 英寸硅单晶抛光片、宽禁带半导体单晶抛光片、乘用车铝面板、精密硬质合金等仍然无法产业化或需要进口。

在石化材料领域，炼油、电石、烧碱、PE（聚乙烯）、PP（聚丙烯）等初级产品产能过剩，而化工新材料、电子化学品、高端聚烯烃塑料、高端专用化学品、特种橡胶等高附加值、技术含量高的石化产品仍然无法自足。

在建筑材料领域，水泥、平板玻璃、建筑卫生陶瓷、耐火材料等传统建材产能严重过剩，但是42.5及以上等级水泥、纯硅酸盐水泥、双银及多银低辐射镀膜（Low-E）玻璃、高端显示用玻璃生产能力较弱。

二、部分关键核心技术受制于人

我国在钢铁、有色金属、石化、建筑等原材料行业中，高端产品关键共性技术受制于人的现象依然存在，关键技术对外依存度较高。产品自主创新能力、部分关键核心技术突破方面与国外仍然存在着一定的差距，部分高端产品质量稳定性、一致性、可靠性等亟待提高，一些关键共性技术急需突破。

在钢铁材料领域，对钢铁产品需求由品种、数量的增长转向质量和品质的提升。例如，航空航天用钢、高端汽车钢板、高性能电工钢板、高精度齿轮用钢等特殊钢，目前仍需要从国外进口。

在有色金属材料领域，大飞机用铝合金预拉伸厚板、高纯难熔金属单晶材料、乘用车铝面板、部分大直径超高纯金属靶材等无法产业化量产，基础共性关键技术、精深加工技术和应用技术研发不足。

在石油化工材料领域，化工新材料、高端专用化学品、高端聚烯烃塑料、特种橡胶、电子化学品等仍无法实现国产，产业化能力不足。

在建筑材料领域，高性能玻璃纤维、高强度碳纤维、高精工业陶瓷、新型显示材料、高端含氟新材料等仍需大量进口，技术水平与国外差距较大。

三、安全生产和环保压力加大

原材料行业一直是高能耗、高污染、高危险行业，随着城市化不断发展，环保要求和标准的不断提高，安全标准不断严格，原材料行业的清洁生产能力也需要不断提升，面临的生态环境保护压力不断加大。部分钢铁、有色金属、建筑材料、石油化工企业已经处于城市核心区或离核心区较近，企业的发展与城市未来发展战略不符合，安全和环保压力加大，不利于企业的长远发展。

安全方面，据不完全统计，2019年，我国一共发生爆炸、火灾、泄漏和其他化工安全事故45起，其中有26起事故造成人员伤亡，共224人死亡，

262 人受伤。仅“3·21”江苏盐城响水天嘉宜特别重大爆炸事故，造成 78 人死亡、76 人重伤、640 人住院治疗，直接经济损失达 19.86 亿元。

环保方面，北京市发布《北京市打赢蓝天保卫战三年行动计划》，要求落实企业主体责任，各级各类企业要增强绿色发展理念、积极履行达标排放责任，践行绿色生产，建立健全环保规章制度，强化全过程管理，自觉接受公众监督，努力建设成为资源节约型、环境友好型企业。重点排污单位应及时公布自行监测和污染排放数据、污染治理措施、重污染天气应对措施、环保违法处罚及整改情况等信息。随着城市化快速发展，“化工围城”“城围化工”问题日益显现，加之部分企业安全意识薄弱，安全事故时有发生，行业发展与城市发展的矛盾凸显，“谈化色变”和“邻避效应”对行业发展制约较大，行业面临的环境生态保护压力不断加大。

四、协同创新体系有待完善

我国原材料工业特别是新材料创新体系不完善，协同创新载体建设较为薄弱。我国“大院大所”改革后，部分原来承担行业共性技术、基础应用技术研究的科研院所被改制为企业，推向了市场。更多的资金、人力和管理从共性技术领域抽离出来，投入到应用技术和市场化领域，致使此类基础性技术无专门机构研究，科技到产业之间的创新链出现了断层，使得科研机构缺少承担基础材料、基础零部件（元器件）、基础工艺和产业技术基础等基础性研究的意愿，从而导致我国技术基础薄弱，也错失了国际标准话语权的竞争机会。

原材料企业之间竞争严重，技术较为封闭，产业链上下游领域未形成有效协同，技术研发各自为战。企业与高校、科研院所之间供需对接不畅，我国整个科学技术研究体系主要依靠国家科技计划实施，以高校、科研院所为主，多以项目、课题形式开展研究工作。企业参与度不足，话语权不大。企业技术总师、研发主管等一线技术人员参与科研项目的占比极少，造成科学研究往往与产业需求和实际水平有所差距，产业化落地较为缓慢。

第三节　对策建议

一、提升产品质量，创新支撑品牌发展

从“强基础”角度，注重全方位、由内向外、从上至下地加强关键基础技术研发和产品质量提升。一方面，原材料相关企业应该以产品质量为核心，

从生产流程出发，进行全套产品生产的协调和监督，建立科学严谨的质量控制体系，进行全面的质量管理。同时，对产品的采购、销售进行质量相关控制，建立完善的产品采购和销售监督体系。完善企业质量管理体系，加强各类国际质量管理体系认证。另一方面，注重企业参与人员的分层次、科学管理。科学管理和监督企业参与人员，从设计研发、生产、销售、运输物流等环节对参与人员进行培训和管理。科学制定管理人员、技术人员、工艺人员、工人等不同层次人员的质量管理措施。

从“补短板”角度，梳理短板弱项，加强关键核心技术攻关。集中力量，探索和充分利用新型举国体制优势，对一批高强度钢、航空航天用钢、高端化工等核心产品和技术进行集中攻关。加强“产学研用”相结合，创新科技项目组织形式，集中设立和攻关一批原材料领域的重大科技项目和工程。

从“促提升”角度，注重产品创新、工艺创新、模式创新。没有产品是经久不衰的，创新必须贯穿在企业的发展中。企业需要将创新作为一项系统工程来抓，不仅仅局限于单项创新，而应包含全过程的全面协同创新，从技术研发到商业化全过程，加强技术创新、管理创新、模式创新、理念创新、人才创新等，以创新促进企业产品的质量提升。大力发展以企业为主体、政府为引导的产学研创新模式。加快推进原材料领域的创新中心建设，联合重点企业、优势高校、产业联盟、中介服务机构等，加强原材料领域关键共性技术突破。

二、加快绿色改造，积极推进绿色制造

加强相关政策法规的制定与执行力度。研究完善制造业绿色改造相关政策法规，推进清洁生产、节能减排，完善技术改造、资金支持引导等政策。

加强以企业为主体的改造工程。引导企业淘汰污染重、能耗大、技术落后的产能，发挥企业的主体作用，促使企业主动参与到废水、废气、废弃物等改造中，大力开放新技术、新工业。

实施以创新为驱动的发展战略，大力发展节能技术、环保技术，通过新型工艺技术，切实降低企业单位产出所需能耗和污染物排放，建立全产业链绿色化改造，建立一批绿色制造创新联盟，着力突破一批关键共性技术，以推动绿色化改造。

加强节能减排推广力度。组织一批节能减排、绿色制造示范工程，选取钢铁、石化、水泥等能耗大、污染严重行业，进行绿色改造重点支持。总而

言之，“节能减排、绿色低碳”将是原材料行业在很长时间内的主题。

三、加快推进智能制造，提升企业智能化水平

围绕钢铁、有色金属、石化、建材等原材料产业重点领域，推进智能化、数字化技术、人工智能、5G、VR/AR（虚拟现实/增强现实）等技术，在企业的全生命生产周期内应用。例如，在研发设计、生产制造、物流仓储、经营管理、售后服务等关键环节，推动新一代信息技术与其深度融合，提升智能化水平。

推动智能制造关键技术装备的应用。推动工业机器人、高档数控机床、3D打印装备、智能专用装备等智能制造关键技术装备在原材料产业的应用，加强智能制造解决方案的系统集成应用能力。

加快工业互联网建设与应用。在钢铁、有色金属、石化、建材等行业，加快工业互联网建设，完善新型基础设施建设，推动机器上云、软件上云、企业上云，构建万物互联环境。

推进智能车间/工厂建设。加快引导企业建设智能车间、智能工厂，开展相关试点示范工作，为不同原材料行业提供产业集成方案，形成一批智能车间/工厂的示范项目并推广。

四、加快调整结构，积极开展国际产能合作

加快企业转型升级。引导企业加快转型步伐，压缩产能。淘汰落后产业，大力发展先进制造业，升级产品，加大科技创新投入，加强技术积累；积极拓展其他业务，如新一代信息技术、医疗健康等战略性新兴领域，向“多业并举”迈进。

加强区域原材料企业兼并重组。在钢铁、有色金属、石化等原材料领域，关停一批“小、散、乱”企业，利用优势互补，引导在同一区域内的企业进行兼并重组，力争形成几大区域钢铁、有色金属、石油化工企业。

积极响应“一带一路”倡议，加快“走出去”和“引进来”步伐。引进国际先进技术，充分引进吸收再创新，促进自身技术升级、转型。积极开展国内产能合作，目前来看，特别是非洲等欠发达地区，基础设施建设仍有较大提升空间，应积极拓展海外市场，把我国成熟的钢铁、有色金属、建筑等原材料产品向海外输送。

第六章

消费品行业

近年来，我国打出了一系列稳外贸、促消费、稳人心的政策组合拳。随着这些政策措施的落实，新消费领域金融支持、创新流通发展、培育消费热点、引领消费品行业增品种、体品质、创品牌等举措备受关注，国内消费潜力进一步释放。本章总结了 2019 年我国消费品行业重点领域技术发展、创新及产业化情况，分析了行业内存在的整体技术水平有待提升等问题，并提出注重保持产业链完整性，加快企业产业化步伐；加大核心技术研发能力，提升关键核心技术国际竞争力；继续深化开展消费品工业“三品战略”专项行动等建议。

第一节　总体情况

一、重点领域技术发展、创新及产业化情况

我国的消费需求结构已从过去新消费领域的横向扩展，转变为既有消费领域的纵向拓展。居民消费正从以衣食为主的温饱型、生存型消费向小康型、享受型消费转变；从模仿型、排浪式的粗放消费向个性化、多样化的精细消费转变。消费者对消费品的品种、质量、品牌等多方面的要求不断提高，消费在经济增长和转型升级中的贡献越来越高，日益成为扩大和提升需求的主导力量。

2019 年，我国规模以上工业增加值比去年增长 5.7%，呈现回升向好、缓中趋稳的态势。规模以上工业企业利润总额为 61995.5 亿元，比 2018 年回落 3.3 个百分点；规模以上工业企业营业收入增长 3.8%，增速比 2018 年低出 4.8%。从 2019 年各季度看，全国规模以上工业增加值同比分别增长 6.5%、

5.6%、5.0%和 6.0%。其中，消费品工业生产增速明显放缓，纺织、轻工、食品、医药工业增加值累计同比增长 2.4%、4.8%、4.1%、7.6%。与工业平均水平相比，纺织、轻工、食品增加值增速低出 3.3、0.9 和 1.6 个百分点。本节重点研究消费品行业中纺织、家用电器、食品、医药 4 个子行业的工业技术创新情况。

（一）纺织行业

2019 年，我国纺织服装市场内销增速有所放缓。国家统计局数据显示，2019 年，我国限额以上纺织品、服装鞋帽类商品零售额为 13517 亿元，同比增长 2.9 个百分点，较 2018 年增速放缓 5.1%；全国网上穿着类商品零售额同比增长 15.4%，继续保持两位数的良好增长水平，但较 2018 年放缓 6.6%。受贸易环境风险上升及外需减弱影响，纺织业出口形势较为严峻。据中国海关数据统计，2019 年，我国纺织品服装类累计出口额为 2807 亿美元，同比减少 1.5 个百分点，增速低于 2018 年的 5.3%，但较 2019 年前三季度回升 0.8%。

2019 年，国际贸易摩擦给我国纺织服装行业增加了很多不确定性。受外部压力的同时，我国纺织服装行业也在一步步向产业链上游移动，我国大量纺织服装企业在非洲、中南美洲、东南亚等地布局。随着纺织服装企业积极创新升级并向海外布局，我国纺织服装行业仍将在今后较长时间内在国际市场保持竞争力。

1. 技术创新为行业注入新鲜血液

2019 年，纺织行业的科技创新能力大幅提升，多项行业关键技术取得进步并得到推广，信息化、网络化等技术在产业链各环节广泛使用。企业重视并不断加大科技创新投入取得了成效。为建立中国纺织产业基地，地方政府采取政策激励、创新引领、品牌培育等措施，鼓励企业进行技术改造、引进智能化设备、建设智能车间，形成“技术+艺术”“品牌+品质”“制造+创造”三维融合转型升级特色。企业生产的各类纺织品远销海外，呈现高质量发展态势。

在雇佣成本不断上涨的背景下，提升纺织装备的智能化、信息化技术水平成为纺织行业提高劳动生产率和产品质量稳定性的重要手段。高端生产机器的引进在一定程度上可减轻企业对于纺织工人的迫切需求，以机器的折旧成本转移人工成本不断上涨的风险；引进智能化、信息化生产技术，便于企业更好地动态掌握产品生产的全过程，降低企业生产成本；信息技术平台同样能够提高产品精度，使纺织产品的精细程度超越人工极限。

2. 行业深挖内需潜力，提升供给能力

面对市场需求不足和贸易风险提升的压力，纺织行业深挖内需潜力，不断提升供给能力，优化结构、转变方式、转化动力。

纺织行业渠道继续向线上转移，传统服装门店数字化改造提速，线上线下融合趋势明显，通过采用“直播带货”等零售新模式，减小产品滞销威胁，对行业产生了较大改观。将棉花等原料产业与纺织、面料、服装、家纺等企业及品牌零售商合作，通过打通供应链、构建生态链，打造市场认可度高的国产品牌。另外，以李宁、波司登等为代表的国产品牌也快速崛起，市场认可度显著提升。

我国推动纺织行业“一带一路”投资与发展，通过统筹布局规划、搭建多边纺织业国际交流平台等措施，引导企业主动“走出去”，布局全球产业链；同时积极调整出口市场结构，多元化拓展国际市场。纺织行业通过“走出去”，进行产业链上下游优质资源、先进研发能力和技术、终端渠道等领域的投资与并购，有效降低生产成本，抵制无序竞争，逐步形成新优势。

（二）家用电器

国家统计局数据显示，2019 年全年，家用电器全行业累计主营业务收入达 16027.4 亿元，同比增长 4.3%；累计利润总额达 1338.7 亿元，同比增长 10.9%。其中，家用电冰箱产量为 7904.3 万台，同比增长 8.1%；房间空气调节器产量为 21866.2 万台，同比增长 6.5%；家用洗衣机产量为 7433.0 万台，同比增长 9.8%。

从细分行业看，各品类业绩增速均有不同程度放缓，部分细分行业利润仍维持高速增长。其中，家用空气调节器营业收入和利润总额均居各品类第一位，分别增长了 1.77%和 10.84%；家用制冷电器具表现良好，营业收入增长 6.80%，利润总额增长 13.5%；家用厨房电器具营业收入增长 7.71%，利润总额增长 20.04%。

1. 家用电器国产品牌势头强盛，国际影响力与日俱增

我国家电消费从满足功能性消费转向满足改善型消费，智能化也已成为家用电器行业发展的一大趋势。从长期的发展趋势来看，产品升级依旧呈现高端化、智能化和健康化的特点。数据显示，市场均价 10000 元以上的冰箱和彩电、12000 元以上的柜式空调、6000 元以上的洗衣机、6000 元以上的油

烟机等，市场零售额份额进一步扩大。高端产品市场份额不断增长，反映了消费者对高品质家电需求的增长。随着家电行业智能化不断深化，智能家电市场规模也越来越大。从智能家电市场来看，不断增多的智能家电硬件产品在消费市场中日益普及，使得智能家电市场增长速度非常迅速。

5G商用的到来、IoT的逐渐成熟与人工智能的大热为家电行业提供了新的发展方向，越来越多的家电企业开始着手全屋智能的布局。大型家电线上销量的增速正在放缓，越来越多的消费者愿意回归线下采取试用选购的模式，伴随着智能家电、变频节能、健康环保等概念的普及，越来越多的消费者开始追求品质生活，催生了中央空调、中央采暖、全屋净水、新风系统，以及智能锁、干衣设备等全屋智能设备和中高端产品等“大”家电市场需求的增长。

2. 各类政策标准出台，刺激家用电器消费

2019年1月，国家发展改革委等十部门联合印发了《进一步优化供给推动消费平稳增长促进形成强大国内市场的实施方案》，明确了2019年刺激家电产品消费的主要措施为支持智能家电销售、促进家用电器更新换代等。该文件作为纲领性文件，具体措施由地方政府根据实际情况推出，各地方政府促销措施也已陆续出台。政策整体有利于推动家电行业产业升级，促进冰箱、洗衣机、空调、电视机、热水器等家电产品更新换代。

2019年2月，工业和信息化部等三部门印发《超高清视频产业发展行动计划（2019—2022年）》，也提出大力推进超高清视频产业发展和相关领域的应用，该政策对于深陷价格战的彩电行业来说是一项重大利好消息，需求的提升可以缓解价格战对行业的冲击，黑电企业也可以通过向高清、大尺寸彩电转型来提升公司的盈利能力。

（三）食品

2019年，我国规模以上食品企业工业增加值保持稳定增长，工业生产稳中有升，利润总额同比增长9.14%。其中，焙烤食品制造业利润总额同比增长1.92%；糖果、巧克力及蜜饯制造业利润总额同比减少3.95%，方便食品制造业利润总额同比增长1.64%，乳制品制造业利润总额同比增长61.4%；罐头食品制造业利润总额同比增长10.6%；调味品、发酵制品制造业利润总额同比增长9.77%；其他食品制造业利润总额同比减少8.13%。

主营业务收入稳步提升。全国规模以上食品工业企业营业收入达

81186.8 亿元，同比增长 4.2%；利润总额为 5774.6 亿元，同比增长 7.8%。其中，农副食品加工业营业收入同比增长 4.0%；酒、饮料和精制茶制造业营业收入同比增长 5.0%；焙烤食品制造业营业收入同比增长 4.69%；糖果、巧克力及蜜饯制造业营业收入同比增长 2.2%；方便食品制造业营业收入同比增长 4.19%；乳制品制造业营业收入同比增长 10.17%；罐头食品制造业营业收入同比减少 3.03%；调味品、发酵制品制造业营业收入同比增长 9.27%；其他食品制造业收入同比减少 0.55%。

1. 多元化消费理念带动食品新产品创新

婴幼儿食品新产品不断创新。随着"二孩"政策的全面放开，国内母婴食品市场正在迎来一波新的发展机遇。婴幼儿奶粉新品年年有，2019 年奶粉企业纷纷推出 A2 β-酪蛋白奶粉。除了这类的"鼻祖"A2 牛奶公司之外，达能乃至国产品牌君乐宝等都扎堆推出 A2 蛋白婴幼儿奶粉。此外，母乳低聚糖配方奶粉的生产也吸引了惠氏、雅培和雀巢等公司先后加入。

老年人群享受型消费和追求品质渐成潮流。随着我国老年人越来越多，一大批高知分子正在步入老年，他们愿意以开放的心态接受层出不穷的新趋势、新理念和新产品。与此同时，中老年人在选购食品时更加关注购买的便捷性和营养健康性。

助推大健康产业发展，雀巢健康科学在华投建全球第三个产品创新中心。2019 年 11 月 27 日，雀巢健康科学在中国泰州投建了全球第三个产品创新中心。该产品创新中心与雀巢健康科学旗下的瑞士、美国产品创新中心平行运营，共享全球先进核心研发技术，针对中国国标和消费者需求，进行本土化创新，不断丰富雀巢在中国的产品体系。

全球食品安全倡议继续承认我国危害分析和关键控制点（HACCP）认证。这意味着我国超过 1.1 万家获 HACCP 认证的食品生产企业在进入全球食品倡议（GFSI）成员供应链时能够继续享受贸易便利。质量认证是国际通行的质量管理手段和贸易便利化工具，我国食品领域已颁发 12 万张认证证书，涉及数万家企业。

2. 食品安全政策、规划相继发布

2019 年 5 月，国家发布了《关于深化改革加强食品安全工作的意见》（以下简称《意见》)，《意见》的发布是为了贯彻落实习近平新时代中国特色社会主义思想和党的十九大精神的重大举措，也是第一个以中共中央、国务院名义出台的食品安全工作纲领性文件，具有里程碑式的重要意义。

2019 年 12 月，新修订的《中华人民共和国食品安全法实施条例》（以下简称《条例》）开始正式施行。《条例》完善了食品安全风险监测、食品安全标准等基础性制度，强化食品安全风险监测结果的运用，规范食品安全地方标准的制定；对食品企业来说，须进一步加强食品安全保障。

（四）医药

根据国家统计局数据显示，2019 年，我国医药行业营收入和利润均持续增长，盈利能力持续稳定，毛利率提升。营业收入达 23908.6 亿元，同比增长 7.4 个百分点；行业实现利润总额 3119.5 亿元，同比增长 5.9 个百分点。2019 年，我国也相继出台了医药行业相关政策，特别是工业和信息化部在制造业高质量发展专项产业链协同创新能力提升领域设置了 8 项重点任务，发挥了专项资金引导作用，对包括抗癌药、儿童药、疫苗等新产品和技术产业化发展提供了较好的资金支持，为医药行业带来新的增长点。

1. 数字化助力医药行业“智慧转型”

越来越多的医疗器械制造商已着手进行数字化转型和智能化布局。例如，医疗器械不仅可以量血压、测血糖，而且能依托人脸识别功能为家庭成员分别建立健康档案；加载 GPRS 数据传输模块的新一代呼吸机，可上传患者数据为医生诊断提供依据；借助可穿戴式设计，重量仅相当于两个半硬币的新一代雾化器得以满足多元化的场景需求。

云计算、人工智能和大数据等尖端技术的应用使得传统的零售药店兼具在线问诊、预约挂号等多项医疗服务功能，从而实现零售药店从“买药场所”向“看病场所”的转变。

从医疗器械、设备网络化，到医院、药店管理信息化，再到医疗服务、健康管理个性化，越来越多的迹象表明，得益于众多高科技的加盟，数字化正助力医药行业“智慧转型”，数字化医疗生态已初具雏形。

2. 创新药迎来了春天，新药上市的“脚步“提速

我国加大鼓励药企对新药的研发，加快推进以企业为中心的创新体系的建设，对医药行业工艺技术不断创新、产品和剂型更新换代、新药研发，以及节能、降耗、绿色生产方面起到巨大的推动作用。

通过制度创新，打通了药物创新研发的“最后 1 公里”，推动创新研发成果快速上市。2019 年，治疗阿尔茨海默病的甘露特钠胶囊等 6 个 1 类创新药获批上市，首个国产 13 价肺炎球菌多糖结合疫苗等获批上市，泽布替尼

胶囊成为首个在美国获批上市的中国创新药。进一步释放了创新活力，提速新药上市的“脚步”，以满足百姓“用上药、用好药”的需求，促进健康生物医药产业发展。

二、质量品牌建设情况

2019 年，我国工业产品质量安全形势保持平稳态势。围绕推进供给侧结构性改革，坚持市场导向、改革创新、标准引领、质量为本、开放融合的基本原则，以先进标准引领消费品质量提升，推动“中国制造”迈向中高端；以先进标准倒逼消费品工业提质增效升级，扩大有效供给以满足新需求；改善消费环境释放新动能，创新体制机制激发新活力，不断满足人民群众日益增长的消费需求。实现消费品标准体系基本完善，重点领域消费品质量达到或接近国际先进水平，企业质量发展内生动力持续增强，知名消费品品牌价值大幅提升。在英国品牌顾问公司 Brand Finance 发布的 2019 年《世界品牌 500 强》报告中显示，2019 年度《世界品牌 500 强》的平均存续期达到 101.94 年，相比 2018 年的 100.14 年略有提高，其中“百年品牌”多达 217 个。中国入选了 40 个品牌，入选品牌数量位列世界第 5 名。茅台、青岛啤酒、五粮液也是超越 100 个年头的“百年品牌”。

2019 年，国家市场监督管理总局发布的公告显示，我国全年工业产品质量安全形势基本保持平稳态势，国家、地方共对 13.3 万家企业的 21.6 万批次产品进行监督抽查。与此同时，部分消费品工业质量安全水平仍不容乐观。例如，国家监督抽查电动自行车、家用不锈钢水槽等产品质量合格率均低于 75%，这几种产品不合格项目主要分别涉及水槽防结露涂层、反射器等。检查校服、校园跑道原材料、玩具、文具 4 类产品生产企业 10587 家，商店、超市和批发市场 20 余万家，风险监测 3634 批次，开展监督抽查 1.8 万批次，查处假冒伪劣产品 9129 批、“三无”产品 4923 批，立案查处违法案件 3915 起，撤销玩具类强制性产品认证证书 1452 张，召回缺陷玩具、文具 123 万件。

（一）相关政策纷纷出台，质量品牌导向突出

2019 年，工业和信息化部办公厅发布了《关于做好 2019 年工业质量品牌建设工作的通知》，强调继续做好推动落实质量主体责任、推广先进质量管理方法、促进实物质量提升、深化工业品牌培育、优化质量发展环境、推动重点产业质量品牌提升、加强中小企业质量品牌建设等工作，加快提高工

业质量品牌水平，促进制造业高质量发展。

纺织行业方面，工业和信息化部继续推动《纺织工业发展规划（2016—2020年）》贯彻落实；组织相关协会开展 2019 年度十大类创新产品评选，推出十大类、85 种产品，发布了 33 个流行纤维品种；开展自主品牌建设情况调查工作，将调查范围由服装家纺领域扩大至纺织全行业；组织编制《2019—2020 年中国纺织服装品牌发展报告》；制定印发《印染行业绿色发展技术指南（2019 版）》，支持纺织服装等行业自主品牌建设；组织相关协会研究制定品牌评价指标体系，开展自主品牌评价和宣传推广活动；支持行业协会举办消费品博览会、服装节、时装周及服装定制展等品牌活动；公告 16 家符合《印染行业规范条件（2017 版）》企业名单，公告 3 家符合《粘胶纤维行业规范条件（2017 版）》企业名单；推动江苏省建成国家先进功能纤维创新中心，指导具备基础和条件的地方积极开展消费品领域省级创新中心建设。

轻工行业方面，工业和信息化部继续推动《轻工业发展规划（2016—2020年）》贯彻落实，研究建立自行车、家电、家具 3 项重点行业强制性标准体系，中国轻工业联合会编制第四批轻工《升级和创新消费品指南》，推出 37 种升级和创新产品。工业和信息化部、国家市场监督管理总局、公安部联合印发《关于加强电动自行车国家标准实施监督的意见》，加强《电动自行车安全技术规范》正式实施后的宣传与贯彻工作。对符合《铅蓄电池行业规范条件（2015 年本）》的已公告企业开展了 2 轮随机现场抽查，取消 7 家企业公告资格。工业和信息化部组织编制《中国家用电器行业品牌发展报告（2018—2019 年度）》，指导家用电器行业品牌评价；支持钟表、五金制品、香料香精化妆品等行业自主品牌建设工作。把婴幼儿推车、儿童汽车安全座椅、纸尿裤重点产品与国外产品质量及性能实物比对，引导企业参照国际先进质量标准组织生产。

食品行业方面，围绕消费安全，大力推进重要产品追溯体系建设。其中，2019 年，国家发展改革委、工业和信息化部等 7 部门联合印发了《国产婴幼儿配方乳粉提升行动方案》，对提升国产婴幼儿配方乳粉的产品品质、市场竞争力和美誉度起到推动作用。同时，工业和信息化部也进一步推进婴幼儿配方乳粉、食盐追溯体系建设。2019 年全年，新增 8 家婴幼儿配方乳粉企业（品牌）开展质量安全追溯体系，开发上线了“婴配乳粉追溯”微信小程序，消费者可通过智能手机、平台网站对试点企业的婴幼儿配方乳粉产品相关信息进行实时追溯和查询，不仅增强了消费体验，而且助力提升企业品牌形象和市场竞争力。工业和信息化部指导食盐定点企业建立食盐电子追溯系统，截至目前，全国共有113家食盐定点生产企业和836家食盐定点批发企业完成食盐电子追溯系统建设工作。

医药行业方面，按照《国家中长期科学和技术发展规划纲要（2006—2020年）》颁布了16个科技重大专项，其中之一即为新药创制科技重大专项，在该专项的牵引带动下，我国医药创新投入持续上升，有效带动地方政府、企业及社会投入，推进我国医药创新生态环境的优化，进一步增强企业的创新主体地位，有力推进医药产业供给侧改革，极大地促进了医药产业的发展。工业和信息化部为加强药品供应保障，会同国家卫生健康委、国家发展改革委、国家食品药品监督管理总局等组织开展第二批小品种药（短缺药）集中生产基地评审工作；组织开展"4+7"集中采购试点中标药品及其原料药生产供应动态监测。

（二）质量监管力度加大

近年来，党中央、国务院部署出台了一系列促进消费的政策文件，各地也陆续推出了一批有针对性的政策措施，以供给侧结构性改革为主线，切实发挥消费在经济稳定运行的"压舱石"作用，抓住最具潜力的消费领域，针对当前国内消费领域存在国外中高端品牌消费品在我国售价普遍高于境外、线下实体零售转型困难、流通成本推高价格、税收体制影响价格、服务市场价格行为不规范等问题，围绕大力优化国内市场产品和服务的有效供给，从推进标准体系建设、加强自主品牌建设等方面持续发力。

（三）创新成果多点开花，提升企业竞争力

根据世界知识产权组织数据显示，2019年全球创新指数排名中，中国排名为第14位，是唯一进入前30名的中等收入国家。论工业基础，中国是全世界唯一拥有联合国产业分类中全部工业门类的国家，成功建立了全世界最完整的现代工业体系，500余种主要工业产品里有220多种产量均位居世界第一。我国的科技事业在新药创制等服务于人民群众的衣、食、住、行、医等实际需求中不断发展壮大。

2019年度国家科学技术奖中，构建了清洁生产与末端治理相结合的水污染全过程控制新模式的制浆造纸清洁生产与水污染全过程控制关键技术及产业化项目；为治疗系统性红斑狼疮，首创异体间充质干细胞（MSC）移植治疗法项目；推动腊肉、火腿、酱牛肉等传统特色肉制品向"品质定向调控

-安全高效控制-绿色自动化”的加工方式转变等一系列科技成果，都切实服务经济发展和民生急需，为保障人民健康做出了突出贡献。

三、重要数据

（一）研发投入

2018 年按行业分规上企业 R&D 人员及企业 R&D 经费内部支出如表 6-1 所示。

表 6-1　2018 年按行业分规上企业 R&D 人员及企业 R&D 经费内部支出

行　　业	纺织工业①	轻工业②	食品工业③	医药制造业
R&D 投入人员/（人·年）	199547	335285	177960	185762
R&D 投入经费/万元	4174361	8144126	5238401	5808857

注：下文涉及的纺织工业、轻工业和食品工业的计算方法均与本表中相同。

资料来源：《中国科技统计年鉴 2019》，2019 年 12 月

（二）知识产权

2018 年按行业分规上制造企业专利情况如表 6-2 所示。

表 6-2　2018 年按行业分规上制造企业专利情况

专 利 项 目	纺织工业	轻工业	食品工业	医药制造业
专利申请数量/项	29287	77496	25797	21698
发明专利数量/项	7406	20564	10177	11494
有效发明专利数量/项	17598	63683	24792	45766

资料来源：《中国科技统计年鉴 2019》，2019 年 12 月

---

① 纺织工业统计按纺织业、纺织服装、服饰业、皮革、毛皮、羽毛及其制品和制鞋业之和计算。

② 轻工业统计按烟草制造业、木材加工和木、竹、藤、棕、草制品业、家具制造业、造纸和纸制品业、印刷和记录媒介复制业、文教、工美、体育和娱乐用品制造业、橡胶和塑料制品业之和计算。

③ 食品工业统计按农副食品加工业、食品制造业及酒、饮料和精制茶制造业之和计算。

（三）产品产值

2018 年按行业分企业新产品开发经费支出与销售收入如表 6-3 所示。

表 6-3 2018 年按行业分企业新产品开发经费支出与销售收入

行　业	纺织工业	轻工业	食品工业	医药制造业
新产品开发经费支出/万元	4822418	9493112	5752674	6520596
新产品销售收入/万元	63861853	124663248	61132181	63670361

资料来源：《中国科技统计年鉴 2019》，2019 年 12 月

第二节　主要问题

一、生产原料自给能力存在短板，一些大宗产品依赖进口

虽然目前消费品行业整体发展态势良好，但许多大宗产品对外依存度仍不断攀升，增加了进口成本，对国内价格趋势形成打压和抑制，导致产业发展缺乏必要的激励和动力。例如，大豆、羊毛、棉花的开放度相对较高，受影响最甚。由生产规模决定，我国的生产成本与世界主要出口国差异很大。大量进口使国内价格既不能随着需求的拉动而相应地提高，又不能随着生产成本的上升而合理地上升。

二、企业研发投入不足，缺乏关键共性技术

近几年，我国在研发创新方面已取得了很大的进步，但企业在技术创新方面还没充分发挥起作用，与欧美等国家和地区依然存在一定差距。一是多数企业研究主要依靠经验和成果的传承，没有设置专门的研究机构，积累不足，缺乏关键共性技术研发能力，企业没有能力引领产业创新发展方向。二是多数企业不掌握关键核心技术和品牌，企业技术创新的路径主要由简单模仿、跟踪或者引进，甚至有依靠“山寨”生存的企业。三是我国产业发展需求与技术供给质量不高、供给不足，部分科技成果难以直接应用于生产环节，部分技术能力不具备系统配套条件，具有自主知识产权的核心技术不足已成为目前我国传统产业转型升级、新兴产业培育发展的短板和“软肋”。

三、品牌影响力不足，品牌建设相对滞后

随着国际竞争加剧、成本优势减弱，我国消费品制造能力较强而创新能

力不足的结构性矛盾凸显，消费品创新能力与发达国家相比尚有较大差距。由于我国消费品行业普遍疏于品牌建设，企业品牌影响力和规模不匹配的矛盾从另外一面体现出“全而不精、大而不强”，这对企业发展来说是核心制约因素，也是困扰我国企业特别是“国家队”企业的重要问题。另外，我国消费品行业的产品同质化和低端化较多，中高端产品缺乏竞争力，产品的有效供给不足，对消费者的个性化服务比较缺乏，消费者对高端品牌、国外品牌等已形成品牌认知，在居民收入增长和消费意愿提升的背景下，不少消费者仍然选择高端品牌或国外品牌。

第三节　对策建议

一、注重保持产业链完整性，加快企业产业化步伐

引导龙头企业向规模化、国际化、纵向一体化方向发展。在龙头企业的带领下，行业“走出去”的步伐要进一步加快，鼓励更多的企业在海外建立基地，拓展国际市场。要支持龙头企业通过多种方式，建立自主可控的原辅料生产基地。加快形成一批生产、加工、流通、销售完整的一体化产业链条，促进消费品工业企业向高附加值产品方向转型，掌握一定的生产话语权和主导权，拥有重要的话语权，必须调动起生产、金融、物流等多个环节，参与商品的定价与销售。

二、加大核心技术研发能力，提升关键核心技术国际竞争力

支持国内企业加大技术研发投入力度，注重品质化、差异化等消费需求，推动消费品工业改造升级。突破关键核心技术，带动产品创新，提升中高端产品的供给保障能力。

对国内短时间内确实生产不了的，要全面实施准入前国民待遇及“负面清单”管理制度，加大消费领域有效、有序开放力度与外企合资合作，促进高端产品和服务生产，逐步从“跟跑”到“并跑”，再到部分技术的“领跑”。

三、继续深化开展消费品工业“三品”战略专项行动

我国消费品工业制造能力较强而创新能力不足，品种、品质、品牌（也称“三品”）等方面与发达国家相比尚有一定差距。下一步，消费品工业要进一步深化开展实施消费品工业“三品”战略专项工作，向品牌升级、多元

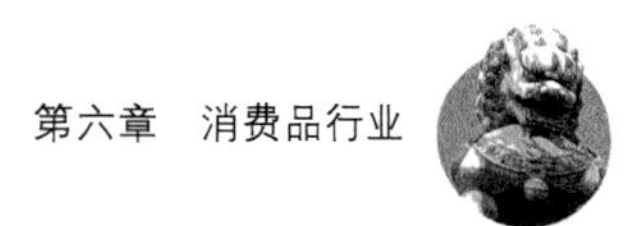

化、高端化的方向发展，构筑发展新优势。一是积极开展个性化定制、柔性化生产，丰富和细化消费品种类，适应并引领消费升级趋势；二是立足大众消费品生产推进“品质革命”，走“以质取胜”的发展道路，开展国内与国际中高端消费品质量比对，逐步缩小和国际标准的差距，提升消费品质量水平；三是引导企业加强品牌意识，务实品牌发展基础，增强品牌竞争优势，推进消费品行业品牌建设，推广升级和创新消费品。

第七章

电子信息产业

在新一轮科技革命与产业变革的大背景下，作为全球科技竞争的前沿阵地，电子信息产业已成为研发投入最集中、创新最活跃、应用最广泛、辐射带动作用最强的领域之一。近年来，电子信息产业的内涵和外延正发生着深刻变化，特别是随着新一代信息技术与装备制造、生物医药、新材料等领域的交叉渗透日益深化，大规模个性化定制、网络化协同制造、共享经济等一批新技术、新模式、新产品和新业态的出现，将对现有生产制造方式产生革命性的影响。当前，我国电子信息产业规模已位居世界前列，产业结构趋于合理、技术水平不断提升，涌现出一批如华为、中兴等具有国际影响力的龙头企业，在智能手机、5G、人工智能等领域取得了一系列重大创新成果。但同时也要清醒地看到，当前国际环境复杂多变，逆全球化趋势加剧，中美针对电子信息产业的贸易摩擦不断，标志着该产业的高端价值链环节已经成为国际竞争和科技博弈的焦点，这给未来我国制造业高质量发展带来了潜在风险和挑战。

第一节　总体情况

2019 年，我国电子信息产业迎难而上，产业规模保持较快增长，行业效益水平显著提升。但受到中美贸易摩擦等因素不利影响，出口增长出现较大回落，亟待通过聚力创新，强化比较优势以提高国际竞争力。根据工业和信息化部发布的数据显示，2019 年，我国规模以上电子信息制造业增加值同比增长 9.3%，增速比 2018 年回落 3.8 个百分点。全年规模以上电子信息制造业累计实现出口交货值同比增长 1.7%，增速比 2018 年回落 8.1 个百分点。全年规模以上电子信息制造业营业收入同比增长 4.5%，利润总额同比增长

3.1%，营业收入利润率为 4.41%，营业成本同比增长 4.2%，2019 年 12 月月末，全行业应收票据及应收账款同比增长 3.2%。

一、重点领域技术发展、创新及产业化情况

2019 年，包括通信设备制造业、电子视听产品制造业、计算机产品制造业等电子信息产业细分领域之间的界限愈加模糊，以量子信息、区块链、人工智能、大数据为代表的领域方兴未艾，正在促进产业加速向系统化、集成化、协同化创新转变。一方面，电子信息领域基础创新研究亮点纷呈，包括量子计算机、5G 芯片在内的技术突破为产业跃升式发展带来了无限可能。另一方面，超快闪充技术、折叠屏手机、4K 超高清电视等高科技产品走进寻常百姓家庭，伴随着移动支付、共享经济为代表的新型商业模式创新，不断加快人民群众生活向智能化、数字化、网络化方向转型。

（一）通信设备制造业

2019 年，我国通信设备制造业生产保持较快增长，但出口交货值显著下降。根据工业和信息化部发布的数据显示，2019 年 12 月，我国通信设备制造业增加值同比增长 9.4%，出口交货值同比下降 2.4%。主要产品中，手机产量同比增长 3.5%，其中智能手机产量同比增长 0.3%。通信设备制造业营业收入同比增长 4.3%，利润同比增长 27.9%。

1. 手机产品

2019 年，我国手机行业总体上保持稳定增长，但智能手机市场趋于稳定。全年我国手机产量同比增长 3.5%，其中，智能手机产量同比增长 0.3%。根据中国信通研究院 2020 年 1 月发布的报告显示，2019 年，国内手机市场总体出货量为 3.89 亿部，同比下降 6.2%。其中，4G 手机出货量为 2357.0 万部，5G 手机出货量为 541.4 万部。随着工业和信息化部为三大运营商及中国广电发放 5G 牌照，标志着我国正式步入 5G 时代，各大手机品牌商推出 5G 手机的步伐大大加快。截至 2019 年年底，国内 35 款 5G 手机获得入网许可，呈明显增长趋势。

手机行业集中度不断提升，强者愈强的趋势更加明显。2019 年苹果、华为、三星、小米、OPPO、vivo 6 家企业市场份额已经超过 90%。2020 年 1 月，国际知名机构 Counterpoint Research 发布的“2019 年全球智能手机销售 TOP10”榜单中，苹果占据 6 席，三星占据 3 席，OPPO 占据 1 席，但华为和

小米没有上榜。纵观此智能手机销售Top10的排名，iPhone XR、iPhone XS Max等苹果系列高端机型保持全球销量前列，而三星Galaxy系列中端机型同样受到消费者青睐。从全球发展趋势看，5G手机换机潮为国产手机品牌强势崛起带来了新的机遇。得益于日益增长的技术创新水平和品牌效应，以华为、小米为代表的国内手机企业与国际手机巨头企业同台竞争将更加激烈。

5G手机正式发布。2019年6月，工业和信息化部正式向中国电信、中国移动、中国联通、中国广电发放了5G商用牌照。2019年6月25日，作为一款真正的5G手机，华为Mate 20 X获得我国首张5G终端电信设备进网许可证，标志着我国5G手机生产及市场应用进入快车道。与此同时，包括三星在内的国际手机巨头企业不甘落后，纷纷启动相关5G手机计划。例如，为了让消费者快速、便捷地实现4G到5G升级，三星启动“5G先锋计划”。消费者不用担心购买4G手机而错过更换5G手机的机会，可以通过三星Galaxy S10系列或Galaxy A80两款4G手机的替换，享受升级5G手机的权益。

折叠式手机进入消费者视野。2019年2月24日，在2019世界移动大会（MWC）开展前夕，华为正式发布Mate Xs折叠屏手机。该款手机基于“柔性OLED+机械结构”等关键技术，采用了极具创新的鹰翼折叠设计，通过自主创新的铰链技术将手机和平板两种形态合二为一，最大程度上满足了实用性、观赏性的完美结合。三星同时发布了首款可折叠屏手机Galaxy Fold，该款手机可以实现内部屏幕弯曲折叠。相比其他智能手机，三星发明的聚酰亚胺薄膜这一全新聚合物层能够在保证柔韧耐用的同时，让其显示屏比普通显示屏薄一半。同时该款手机机身内部设计了带有多个连锁齿轮的复杂铰链，最大程度上实现开合顺畅。

超快闪充技术取得突破，手机续航能力大幅提升。随着5G时代的到来，包括VR/AR在内的未来大耗电量的智能手机应用场景将陆续出现，目前的40W快充难以满足实际需求。为此，2019年6月，vivo正式发布了用于手机的120W超级闪充。基于电荷泵技术及双电芯串联电池方案，目前vivo超级闪充发热程度和电力损耗达到了比较理想的状态，在高速充电的过程中，手机本身不会出现过热的情况。

2. *移动通信设备*

2019年，我国移动通信设备产业保持良好的发展势头，相关基础设施建设稳步推进。2018年12月，中央经济工作会议将5G、人工智能、工业互联网、物联网定义为“新型基础设施”。2019 年以来，中央高层会议多次聚焦以 5G、人工智能为代表的新型基础设施，为我国电子信息产业转型升级、制造业高质量发展提供强大动力。据工业和信息化部发布的数据显示，2019 年，通信设备制造业营业收入同比增长 4.3%，利润同比增长 27.9%。

我国通信厂商和硬件制造商积极布局5G产品，同时针对毫米波、MIMO、载波聚合等一系列软硬件应用进行开发。2019 年，我国移动通信设备发展呈现出以下两个特点。一是新型基础设施建设步伐进一步加快。其中，数字化、网络化、智能化转型成为新型基础设施建设的重要方向，未来将在稳投资、促消费、助升级、培植经济发展新动能等方面发挥巨大作用。同时，我国大中城市 5G 网络覆盖范围也在不断拓展，目前至少有 40 个城市开始覆盖 5G 网络。与此同时，工业和信息化部、国家标准化管理委员会联合印发《工业互联网综合标准化体系建设指南》，明确了 2020 年及 2025 年我国建立工业互联网标准体系要求，同时对未来工业互联网关键技术、产品、管理及应用需求发展方向做出预判。二是移动通信设备产业网络化、软件化、云化程度不断提高，网络架构重构持续推进。根据《2019 年通信业统计公报》显示，当前以三大运营商为代表的企业以“云网融合”为引领，在云基础设施、软件定义网络、网络功能虚拟化等领域加快投资，积极提升网络服务能力，以满足政企客户、家庭客户的差异化服务需求。

（二）电子视听产品制造业

2019 年，我国电子视听产品制造业保持平稳增长，但增长力度有所减缓。国家统计局数据显示，我国 2019 年全年彩色电视机产量为 18999.1 万台，同比下降 3.5 %。其中，液晶电视机产量为 18689.7 万台，同比下降 1.5%。

1. 智能电视

当前，以硬件为代表的技术创新和围绕内容生态建设已经成为智能电视领域重要的发展方向。特别是随着智慧屏技术创新不断取得突破，电视巨头企业纷纷定位于全场景、智慧化时代的全新升级，加速智能电视向传媒生态、应用生态和智慧家庭生态融合。与此同时，智能电视正在带动上游硬件厂商和下游视频服务商之间的精准对接，构建包括内容制作和信息传输在内、更加丰富的传媒生态，彻底颠覆传统电子视听产品单纯的休闲娱乐功能。

4K 超高清屏成标配，轻量化、高颜值外观设计吸引力不断提升。例如，目前包括华为智慧屏、TCL 55 英寸 XESS 智慧屏、海信 HiTable S7E、创维

S81、红米 R70A 在内的五大厂商智能电视产品均支持 2160P 高清格式播放，屏幕分辨率达到 4K 标准。其中，华为智慧屏的星空灰及海信 HiTable S7E 的浅名仕金色彩设计成为智能电视中的新宠，凭借其产品独特的设计感，极大地吸引了消费者目光。在外观设计方面，TCL 55 英寸 XESS 智慧屏、海信 HiTable S7E 均采用了内置底座，不仅美观，而且大大减轻了电视本身的重量。

新一代信息技术赋能效应逐步提升，智能电视成为万物互联的接口。在5G、大数据、人工智能、物联网等技术的共同推动下，智能电视跨越了传统家电的边界，大大拓展了电视本身的内涵和外延，通过“科技化+人性化”打造全民化、联网化、数字化的新型娱乐模式，打破单个系统孤立、封闭的状态，构筑便捷且温馨的智慧家庭生活体验环境。特别是智能电视正在以“人”的需求连接家庭的每个个体，通过涵盖智能音箱、智能闹钟等多款智能设备，对家庭“全场景陪伴”进行重新定义和设定，催生出亲子陪伴、审美陪伴、生活管家、娱乐陪伴等多元化场景，满足不同家庭成员的需求。

2. 网络视听产品

2019 年，我国网络视听产业发展迅速，技术创新同样紧跟潮流。根据 2019 年 5 月发布的《2019 年中国网络视听发展研究报告》显示，目前我国网络视频用户规模已经达到 7.25 亿。以三大平台（优酷、爱奇艺、腾讯）为代表的头部企业平台优势进一步凸显，标志着我国网络视频市场将向着更加成熟有序的方向不断调整完善。

随着 5G、VR/AR、移动互联网等技术的普及，网络视听“C 位”效应更加凸显，其中短视频已经成为行业的中坚力量。2019 年，我国短视频发展势头迅猛，已经超过综合视频成为排名第二的应用场景。与此同时，我国网络视听用户向移动端集中的趋势也愈加明显，互动剧、Vlog 等微型化特点突出，传统节目正在网络平台上发掘新阵地、新模式和新业态，打造行业高质量发展新动能。

（三）计算机产品制造业

2019 年，我国计算机产品制造业累计产量保持平稳增长，但受客观因素影响，整体行业利润有所下滑。根据工业和信息化部数据显示，2019 年 12 月，计算机产品制造业增加值同比增长 9.2%，出口交货值同比增长 5.6%。主要产品中，微型计算机设备产量同比增长 13.2%。其中，笔记本电脑产量同比增长 10.7%，平板电脑产量同比增长 25%。2019 年全年，计算机产品制造业营业收入同比增长 3.9%，利润同比增长 2.6%。近年来，我国计算机产品制造业龙头企业垄断效应进一步增强，但创新步伐较为滞后，亟待通过设计、技术、品牌等核心竞争力提升以开拓新的市场。

1. 超级计算机

根据 2019 年 6 月国际超算大会（ISC2019）上公布的全球超级计算机 TOP500 榜单，中国和美国依然保持了绝对领先地位。其中整个 500 强榜单中，中国有 219 台，占 43.8%，美国有 116 台，占 23.2%，但是美国超级计算机则在平均性能上占有较大优势。具体来看，美国的 Summit（HPL =148.6 petaflops）和 Sierra（HPL =94.6 petaflops）居榜单前两名，第三名则是中国的“神威·太湖之光”（Sunway Taihu Light）超级计算机。Summit 和 Sierra 都是IBM制造的采用Power9 CPU和NVIDIA Tesla V100 GPU的超级计算机，可以在生物医药、航空航天等领域为研究人员带来海量数据处理能力。相比之下，配置国产的 Sunway SW26010 处理器的“神威·太湖之光”由中国国家并行计算机工程与技术研究中心（NRCPC）开发，目前在无锡国家超级计算中心内运行。2019 年是我国超级计算事业发展第 40 年，我国已经在天津市、长沙市、广州市等地建成 6 家国家级超级计算机中心。在数字经济大背景下，未来我国将瞄准自主可控技术，研制满足应用需求的 E 级高性能计算机系统，进一步为国民经济和社会发展提供新动能。

值得关注的是，随着量子物理与信息科学交叉的新生学科快速发展，量子计算机逐步成为超级计算机领域的新兴力量。目前，我国量子计算领域还是以基础研究为主，产业应用尚未完全起步。相比之下，国外巨头已经加快在量子计算机领域的布局，谋求抢占市场先机。2019 年 1 月，2019 年度国际消费电子展（CES）上，IBM 公司率先展示了其最新的量子计算机 IBM Q System One 的模型。该计算机由加固室、液氦罐、电子装置及电缆等装备组成，是当时世界上唯一一台量子计算机。当前，IBM、谷歌、微软、霍尼韦尔等公司正在加紧量子计算机的研究，以解决经典计算机无法解决的计算问题。

2. 个人计算机（PC）

据国家统计局统计数据显示，2019 年全年，我国微型计算机设备产量为 34163.22 万台，累计增长 7.7%，其中，12 月全国微型计算机设备产量为 3189.14 万台，同比增长 13.2%。根据 Gartner 发布的全球个人电脑销售统计结果，2019 年第一季度全球个人电脑（PC）的出货量总计为 5850 万台，同比下滑 4.6%。IDC 调查结果显示，2019 年前三季度，全球个人电脑排名前五的供应商分别是联想、惠普、戴尔、苹果和宏碁，传统国际巨头的垄断效应仍然比较突出。

随着全球个人电脑进入市场饱和期，技术创新成为企业竞争的主战场。硬件方面，CPU、显卡的更新换代促进了笔记本电脑性能的进一步提升。2019年年初，英特尔发布10nm制程工艺和第十代酷睿处理器，在超频体验等方面实现了较大的进步。同时，英特尔发布了GTX 16系独立显卡，基于其出色的性能，游戏笔记本的更新换代周期也同步来临。设计方面，双屏笔记本进入消费者视野。苹果MacBook Pro的TouchBar、华硕Project Precog全双屏概念本、惠普幻影精灵X等多屏幕笔记本的出现，对设计和文创类行业产生了巨大的影响，相关人员通过合理运用不同屏幕可以更加高效地开展创作工作。

（四）电子专用材料、元器件制造业

2019年，我国电子元件行业保持快速增长势头，但是出口额出现小幅下降。根据工业和信息化部发布的数据显示，2019年全年，电子元件及电子专用材料制造业营业收入同比增长0.3%，利润同比下降2.1%。其中，12月，我国电子元件及电子专用材料制造业增加值同比增长20.7%，出口交货值同比下降2.3%。主要产品中，电子元件产量同比增长26.9%，集成电路产量同比增长30%。2019年，电子器件制造业营业收入同比增长9.4%，利润同比下降21.6%。12月，电子器件制造业增加值同比增长8.3%，出口交货值同比增长5.4%。

2019年，虽然全球半导体市场进入缓慢下行区间，但我国集成电路产业依然保持强劲增长势头，整体发展水平也在不断提升。特别是在科技重大专项的支持下，近年来，我国集成电路中技术含量相对较高的设计业销售额增长速度明显加快，关键技术不断取得突破性进展。但值得关注的是，我国集成电路产业总体与国外先进水平差距较大、核心竞争力不强、技术对外依存度高等问题尚未得到根本解决。

部分关键核心技术创新取得重要突破，龙头企业领军效应不断增强。2019年9月，华为海思正式发布采用“7nm+EUV工艺”的麒麟990旗舰芯片，实现5G芯片的成功开发，大大加快了5G智能手机的商业化进程。抢抓5G、物联网、车用电子等产业发展机遇。中芯国际明确其14nm工艺进入客户风险量产阶段，同时第二代FinFET“N+1”技术平台也已实现客户导入，标志着我国集成电路行业的技术水平又向前迈了一大步。集成电路装备材料

方面，台积电 7nm 逻辑器件生产线正式引进中微半导体的等离子体刻蚀机，且运行效果良好。

产业地理空间布局不断优化，中西部追赶效应不断增强。随着《国家集成电路产业发展推进纲要》颁布，以长三角、珠三角为代表的城市群纷纷出台集成电路产业补贴扶持政策，全力打造具有地方特色的产业集群。作为我国集成电路产业重点聚集区，江苏省和上海市依托本地集成电路全产业链，在氮化镓材料生长及氮化镓器件等前沿领域加大投入力度，以促进相关技术产业化进程。随着一批国际知名企业落户和本地集成电路企业崛起，合肥市逐步形成了集成电路设计制造、设备材料等全产业链，未来欲打造中国 IC 之都。与此同时，成都市、重庆市、西安市等中西部城市的集成电路产业表现出强劲的发展势头。例如，立足智能终端、汽车电子、智能制造、5G 等应用需求，重庆市选择具有比较优势的应用领域——芯片作为突破口，努力构建集成电路产业创新生态。西安市则依托三星半导体高端存储芯片二期项目投资，规划在 2021 年集成电路产业规模达 1000 亿元。

（五）软件和信息技术服务业

我国软件和信息技术服务业呈现云化发展态势，软件应用服务化、平台化趋势愈加明显，为我国制造业产品和装备数字化改造、传统领域智能化增值提供了有力的支撑。根据工业和信息化部《2019 年软件和信息服务业统计公报》显示，2019 年，我国软件和信息技术服务业呈现平稳向好的发展态势，收入和利润均保持较快增长，从业人数稳步增加。据统计，2019 年，全国软件和信息技术服务业规模以上企业超 4 万家，累计完成软件业务收入 71768 亿元，同比增长 15.4%，盈利能力稳步提升。2019 年，软件和信息技术服务业实现利润总额 9362 亿元，同比增长 9.9%；人均实现业务收入 106.6 万元，同比增长 8.7%。分领域看，2019 年，软件产品实现业务收入 20067 亿元，同比增长 12.5%；信息技术服务实现业务收入 42574 亿元，同比增长 18.4%；信息安全产品和服务实现业务收入 1308 亿元，同比增长 12.4%；嵌入式系统软件实现业务收入 7820 亿元，同比增长 7.8%。

我国自主可控的软件操作系统取得了重大突破。2019 年，华为正式发布具有自主知识产权的操作系统——鸿蒙 OS，实现了多个智能终端设备同时使用的功能。另外，依托在线公共服务及安全可靠计算和数据处理等核心技术，阿里云计算有限公司快速开辟了制造、金融、政务、交通、医疗、能源等多元市场，实现了软件业务收入的爆发式增长。综合来看，我国软件和信息技术服务业发展的主要推动力正逐步从规模红利转向产业创新转型，产业发展进入技术引进消化向自主创新实质突破的新阶段。

2020 年 1 月 8 日，工业和信息化部发布《2019 年中国软件业务收入前百家企业发展报告》（以下简称《企业发展报告》），其中 2019 年（第 18 届）中国软件业务收入百强榜前 10 位如表 7-1 所示。《企业发展报告》数据呈现出以下 4 个新特点。一是我国软件企业呈现高利润、高研发的“双高”特征，“量增质优”趋势明显。本届软件业务收入前百家企业（以下简称软件百家企业）2018 年共完成软件业务收入 8212 亿元，比上届增长 6.5%；利润总额为 1963 亿元，比上届增长 14.6%。特别是此次入榜软件企业投入研发经费 1746 亿元，比上届增长 12.6%，技术创新已经成为企业的核心竞争力之一。二是龙头企业保持强劲实力，新兴力量正在崛起。华为技术有限公司已连续 18 年蝉联软件百家企业之首，海尔集团、浪潮集团、海信集团等企业已连续 5 年入选。三是涉及信息安全、物流智能化、云服务等领域的企业首次进入百强榜单，从侧面反映了软件与信息技术服务业发展的新趋势。四是产业集聚效应增强，企业示范作用突出。随着国家及地方支持政策落地实施，全国 17 个省市的软件企业进入百强榜，但是特定区域布局呈现出明显集聚效应；本届软件百家企业中有 89 家集中在东部省市，其中北京市以 32 家位居榜首。

表 7-1　2019 年（第 18 届）中国软件业务收入百强榜前 10 位

序　号	企 业 名 称
1	华为技术有限公司
2	海尔集团公司
3	阿里云计算有限公司
4	浪潮集团有限公司
5	海信集团有限公司
6	杭州海康威视数字技术股份有限公司
7	北京小米移动软件有限公司
8	中国银联股份有限公司
9	南瑞集团有限公司
10	北京京东尚科信息技术有限公司

资料来源：工业和信息化部网站，2020 年 1 月

二、重要数据

2018 年电子信息产业新产品销售收入及专利申请情况如表 7-2 所示。

表 7-2 2018 年电子信息产业新产品销售收入及专利申请情况

行业	新产品销售收入/万元	专利申请数/项	发明专利数/项	有效发明专利数/项
电子工业专用设备制造	3807394	5345	2097	7380
通信系统设备制造	56391902	30166	24059	136466
电子器件制造	71301572	39229	20532	56524
电子元件及电子专用材料制造	57403135	41723	21925	38245
计算机整机制造	37117575	10779	8419	10872
智能消费设备制造	11751168	10424	3967	5761

数据来源：《中国科技统计年鉴 2019》，2019 年 12 月

2018 年电子信息产业技术改造、技术购买、技术引进及消化吸收经费支出情况如表 7-3 所示。

表 7-3 2018 年电子信息产业技术改造、技术购买、技术引进及消化吸收经费支出情况

行业	技术改造经费支出/万元	购买境内技术经费支出/万元	技术引进经费支出/万元	消化吸收经费支出/万元
电子工业专用设备制造	28553	1172	120	240
通信系统设备制造	64133	1110	1387	23
电子器件制造	1472617	75454	145083	1687
电子元件及电子专用材料制造	900678	56098	63028	9022
计算机整机制造	351453	305	2093	—
智能消费设备制造	83530	2885	—	—

数据来源：《中国科技统计年鉴 2019》，2019 年 12 月

第二节　主要问题

一、关键核心技术缺失，高端环节受制于人

近年来，虽然我国电子信息产业取得了一系列显著成绩，但产业发展基础依然存在较多薄弱环节，以集成电路、基础软件、高性能传感器为代表的领域关键核心技术长期受制于人的格局尚未根本改变。以集成电路领域为例，当前我国 CPU、存储器等高端环节设计水平与国外相差至少 10 年，相关制造技术长期落后于国际先进水平 2 个技术节点以上，关键封测装备及材料基本依赖进口，这对我国信息产业安全构成潜在威胁。

我国电子信息产业核心技术仍以跟踪引进为主。目前，由于缺乏不同学科之间的深层次交流和原创性的理论研究，导致成熟产品集中于低档领域，始终难以在高端价值链环节与国际巨头企业同台竞争。电子信息产业在知识产权领域门槛较高，目前相关专利和核心技术主要掌握国外企业手里，我国企业布局不足，难以把握产业发展主导权，造成本土企业技术基础研发难度较大，短期内无法突破整个电子信息产业发展的制约瓶颈。

二、协同创新能力不足，产业生态尚未建立

基于电子信息领域跨界融合程度不断加深，产业链协同创新已经成为未来发展的重要趋势。特别是 5G、人工智能、区块链等新一代信息技术赋能效应不断增强，对我国电子信息产业颠覆式创新发展带来了新的挑战。目前，我国在基础软件、集成电路等重点领域中，“基础研发-中试-工程化-产业化”等关键环节衔接不畅问题比较突出，本土企业缺乏整机系统设计能力，尤其缺乏产品解决方案的开发能力。

我国本土企业针对特定领域“单枪匹马”式技术创新还比较普遍，但集成式、协同式的创新环境还不完善。值得注意的是，当前技术创新高度依赖成熟、高效的产学研协同生态系统，而我国以高校和科研院所为主体参与者的基础研究体系不利于发挥企业原始创新的主观能动性，导致涉及未来网络、量子计算、后摩尔时代等领域的前沿技术布局相对滞后。目前，各国间电子信息产业博弈主要取决于创新生态间的竞争，凭借技术优势和品牌效应，加上高效完善的配套营销模式，国外企业已经构筑起较强的电子信息行业壁垒。

三、高端人才较为缺乏，制约产业创新发展

电子信息产业是典型的人才和知识密集型产业，技术创新更迭速度极快，对从业人员的综合素质和行业经验要求较高。随着电子信息产业智能化、数字化、网络化程度不断提高，特别是电子商务、科技金融等商业模式的创新不断涌现，对于高素质、懂技术、懂管理的复合型电子信息产业人才的需求也在持续扩大。

我国信息产业人才，尤其是高层次创新人才的供给与电子信息产业高速发展需求严重不匹配，高端人才国外引进的比例过高、人才缺口较大的问题还比较突出。以集成电路产业为例，预计 2020 年年底，我国集成电路行业人才需求规模约为 72 万人，而现有存量仅为 40 万人，人才缺口十分惊人。与此同时，我国高等院校、科研院所的电子信息人才培养模式理论化、学术化偏重，相关企业参与产教融合的动力严重不足，校企合作层次较低，不利于培养应用型、实践性专业技术人才。

第三节　对策建议

一、加快关键核心技术攻关

瞄准互联网、5G、物联网、高端芯片、新型显示、先进计算、工业软件等关键领域，组织专家力量梳理和制定电子信息领域的关键共性技术清单，以此为依据指导电子信息产业重大科技发展计划和重大专项实施。有效组织企业、高校、研究院所和重要创新载体承接国家重大科技创新项目，开展跨行业、跨领域和跨区域的产学研协同创新，集中力量攻克一批关键共性技术，着力解决我国工业发展中的技术瓶颈，加强技术自主可控。

充分利用制造业创新中心等“产学研用”相结合的创新载体，优先选取重点技术方向，采取协同合作、利益共享、风险共担的模式，实现一批对产业竞争力整体提升具有全局性影响、带动性强的共性关键技术产业化，加快成果转化和工程示范。

二、构建产业创新生态体系

持续推进工业信息安全、智能语音、工业云制造等领域的制造业创新中心建设，构建开放、协同、高效的关键共性技术研发平台，为企业技术研发

提供强有力的支撑。推动龙头企业引领的变革性创新，在重点领域实现技术突破。完善和落实支持企业创新的政府采购、首台（套）重大技术装备保险补偿、研发费用加计扣除等鼓励政策，加强产融对接合作，引导产业投资基金、银行等金融机构加大对企业创新投入的支持，推动企业完善内部创新体系，提升企业创新能级。

通过组织实施新一轮重大技术改造升级工程，引导电子信息企业运用新技术、新业态、新模式，加快技术进步和设备更新。加强国际产业交流合作，鼓励国内企业开源或开放芯片、软件技术及解决方案等资源，构建开放生态，推动各类创新要素资源的聚集、交流、开放和共享。

三、强化高端人才队伍建设

聚焦集成电路、软件、新型元器件、通信监管、无线电管理等重点领域，调整高等院校、科研院所及职业院校电子信息专业设置及招生结构，加快建设产教融合实践基地，通过校企合作模式建立多元化的电子信息高技能人才培养体系。弘扬企业家精神，提升企业家产业前瞻的意识和能力，培养一批懂技术、懂管理、复合型优秀企业经营管理人才。

建立健全海外高层次人才培养、使用和激励机制，健全和完善信息产业科技创新激励机制，引进海外优秀技术和管理人才回国就业、创业。加快实施专业技术人才继续教育工程，不断完善电子信息领域中央企业、行业龙头企业、独角兽企业及小微企业专业技术人才继续教育培训体系，开展专项技术知识更新培训和岗位培训，打造一支整体素质高、创新能力强且具有国际视野的电子信息产业人才队伍。

地　方　篇

第八章

北京市工业技术创新发展状况

2019 年，北京市依托科技创新资源优势，加强科技发展规划，扎实推进北京高质量发展，致力于将北京市建设成为具有全球影响力的科技创新中心。北京市坚持创新驱动发展，依托各类创新载体，持续提升该市工业发展的质量和水平；坚持加强优势产业，聚焦重点领域，壮大高精尖产业，优化经济结构；坚持营造质量品牌发展环境，通过科技创新为高质量发展提供第一驱动力，积极探索京津冀产业协同发展模式，创造北京品牌高质量发展机遇，推动首都经济向更高效率、更高质量、更可持续发展迈进。

第一节　发展回顾

2015—2019 年，北京市国民经济增长势头逐渐放缓，但总体运行平稳。2015—2019 年北京地区生产总值、工业增加值及其增长速度如图 8-1 所示。北京市地区生产总值同比增长率逐年下降，工业增加值同比增长率 2017 年后有所下降。2019 年，北京地区生产总值为 35371.3 亿元，按可比价格计算，比 2018 年增长 6.1%，全年实现工业增加值 4241.1 亿元，按可比价格计算，比 2018 年增长 3%。①

2019 年，北京市经济运行的高端引领特征更加明显，高技术产业增加值占地区生产总值的比重为 24.4%，比 2018 年提高 0.2 个百分点；战略性新兴

① 北京市统计局　国家统计局北京调查总队：《北京市 2019 年国民经济和社会发展统计公报》，2020 年 3 月 2 日，http://tjj.beijing.gov.cn/tjsj_31433/sjjd_31444/202003/t20200302_1673395.html。

产业增加值占地区生产总值的比重为 23.8%，比 2018 年提高 0.1 个百分点。[①]

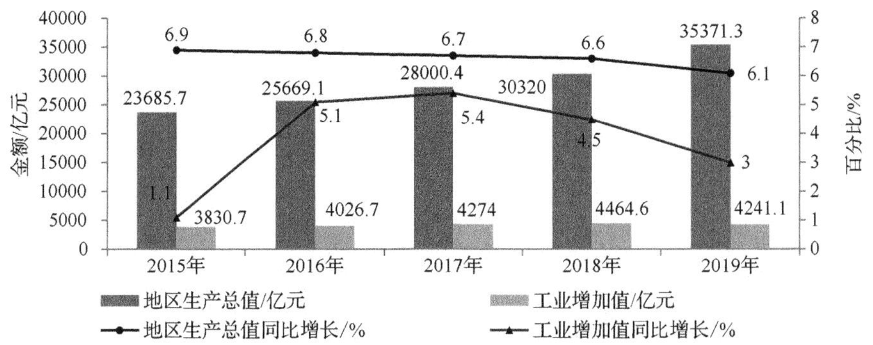

图 8-1　2015—2019 年北京地区生产总值、工业增加值及其增长速度

数据来源：赛迪智库整理，2020 年 3 月

一、技术创新发展情况

（一）总体情况

2019 年，北京市全面加快建设全国科技创新中心，着力优化创新创业生态体系，加快“三城一区”主平台建设，多措并举推动高精尖产业发展，致力于将北京市建设成为“具有全球影响力的科技创新中心”。2020 年 1 月发布的《中国城市科技创新发展报告 2019》显示，在全国 289 个地级及以上城市中，北京市科技创新发展水平排名第一，其中创新绩效、创新服务和创新资源 3 个一级指标均位列全国第一。[②]

（二）主要做法

1. 着力优化创新创业生态体系

在政策方面，发布实施《关于新时代深化科技体制改革 加快推进全国科技创新中心建设的若干政策措施》，出台促进科技成果转化条例，修

① 北京市统计局　国家统计局北京调查总队：《北京市 2019 年国民经济和社会发展统计公报》，2020 年 3 月 2 日，http://tjj.beijing.gov.cn/tjsj_31433/sjjd_31444/202003/t20200302_1673395.html。

② 科学网：《中国城市科技创新发展指数 2019 发布》，2020 年 1 月 4 日，http://news.sciencenet.cn/htmlnews/2020/1/434504.shtm。

订科学技术奖励办法，从制度上对科研人员关注的评审奖励、成果权属等问题进行改革。在创新领域布局方面，组建量子信息科学研究院、脑科学与类脑研究中心、智源人工智能研究院等 22 个新型研究机构，推动关键技术攻关布局。在资金方面，北京科技创新基金设立 33 支子基金投向“硬科技”（指以光电芯片、人工智能、航空航天等为代表，需要长期研发投入、持续积累的高精尖原创核心技术）和创新早期。2019 年，北京市科技研发经费投入强度达到 6.17%，技术合同成交额达 5700 亿元，科技成果转化效果显著。

2. 加速建设“三城一区”主平台

以中关村科学城、怀柔科学城、未来科学城、北京经济技术开发区在内的“三城一区”是北京科技创新中心建设的主平台。中关村科学城贯彻落实《关于进一步加快推进中关村科学城建设的若干措施》，创新企业服务形式，优化创新生态体系，推动“硬核创新”，培育“硬核产业”，构建新型创新城市形态。怀柔科学城加快建设综合性国家科学中心，正式成立国家科学中心国际合作联盟，发布实施科学城总体规划，多维度构建科学创新生态。未来科学城正式发布《未来科学城规划（2017—2035）》，围绕医药健康、先进制造、先进能源三大核心领域促进创新发展，努力打造重大共性技术研发创新平台。北京经济技术开发区着力改革开发区管理体制与运行机制，制定 20 项高质量发展重点任务，打造 22 个技术创新中心，挂牌 13 家产业中试基地。

3. 多措并举推动高精尖产业发展

加强产业发展顶层设计，优化区域发展重点，通过市级调度统筹，促进高精尖产业与科技紧密融合，打造北京市“高精尖”经济结构。出台人才、土地、财政等方面支持政策，促进创新型产业集群建设，实施奔驰新能源汽车、小米未来工厂等一批高科技项目，吸引高精尖产业人才落户 3500 余人。

布局人工智能和医药健康关键领域，重点发展“人工智能+健康”新兴产业，打造北京高精尖产业发展新动能。建设医疗器械创新中心，大力推广创新医疗器械应用。截至 2019 年第一季度，共有 54 个创新医疗器械获国家药监局批准上市，其中，北京市获批数量居全国第一。2019 年，北京市规模以上工业中高技术制造业、医药制造业、战略性新兴产业增加值分别增长

9.3%、6.2%和 5.5%，增速均明显高于北京市规模以上工业增长的平均水平（3.1%）。①

（三）重点领域

1. 医药健康产业

医药健康产业是北京市重点布局的“高精尖”产业之一，产业规模增长态势逐步回升。北京市医药健康企业在 2019 年前三季度的经营收入达 1472.6 亿元，同比增长 11.5%。在政策方面，北京市持续推动《北京市加快医药健康协同创新发展行动计划（2018—2020 年）》的落地实施，2019 年发布《促进人工智能与医药健康融合发展工作方案》，重点打造“人工智能+健康”新兴产业。在医药健康资源方面，北京市拥有高度集中的创新资源要素，国家级科研院所数量居全国首位，包括北京生命科学研究所、北京大学、清华大学在内共计 70 家；医疗科技资源充足丰富，国家级药物临床试验基地共计 57 家。在研发应用方面，医疗健康产业布局覆盖全产业链，重点开展示范性、研究型病房建设；推进第三方技术服务、代工生产服务及中试服务等平台建设，促进创新品种实施落地；支持推广创新医疗器械应用，医疗器械获批数量位居全国首位。

2. 人工智能产业

北京市在人工智能产业领域强势领跑，保持快速发展的良好态势。截至 2019 年 4 月，北京市人工智能相关企业数量达 1084 家，占全国人工智能企业总量的 26.5%。北京市人工智能相关软件企业于 2018 年收入规模约 1122 亿元，同比增长 46.1%。在政策方面，北京市发布了《北京市加快科技创新培育人工智能产业的指导意见》《关于加快中关村科学城人工智能创新引领发展的十五条措施》；中关村科学城发布了 2 个人工智能专项政策指南，聚焦关键技术源头创新及开源开放创新平台建设。在研究应用方面，北京市国家新一代人工智能创新发展试验区于 2019 年 2 月正式成立，迈出产业发展的新步伐。在科研基础方面，北京市聚集了智能技术与系统国家重点实验室、模式识别国家重点实验室等 10 余个我国人工智能领域最领先的科研院所。

① 北京市统计局　国家统计局北京调查总队：《北京市 2019 年国民经济和社会发展统计公报》，2020 年 3 月 2 日，http://tjj.beijing.gov.cn/tjsj_31433/sjjd_31444/202003/t20200302_1673395.html。

在落地场景方面，北京市拥有国内领先的智能城市、医疗、金融、教育等方面的用户群体，从需求侧助推人工智能的发展，形成以创新型企业为核心的人工智能产业集群。

二、质量品牌发展情况

（一）总体情况

自工业和信息化部 2012 年启动工业质量品牌建设活动以来，北京市共有 15 家企业获得“全国质量标杆企业”。2019 年，北京市 9 家企业获得“全国优秀质量管理小组”。北京市商标注册数量为 474645 件，同比增长 21.96%，截至 2019 年 12 月 15 日，北京市累计有效注册商标总量达 192 万件。①北京市每万人口拥有 132 件发明专利，居全国首位。

（二）主要做法

1. 科技创新为质量品牌发展提供第一动力

北京市把科技创新视为实现高质量发展的第一动力，出台多项支持政策，通过创新驱动加速新旧动能持续转换，进一步落实“高精尖”经济结构“10+3”政策（集成电路、人工智能等十大高精尖产业+人才、财政、土地政策），印发医药健康、5G 等产业发展行动计划，构建首都产业发展多层次制度环境，在调整优化中提升发展质量。2019 年，北京市科技研发经费投入强度为 6.17%，发明专利授权量比 2018 年增长 13.1%，技术合同成交额达 5700 亿元。②

2. 积极营造质量品牌发展的良好环境

北京市先后出台《质量发展纲要（2011—2020 年）》《2018 年北京市工业产品质量监督抽查和风险监测工作计划》《北京市提高商业服务业服务质量提升“北京服务”品质三年行动计划》等政策，大力支持质量品牌提升。2019 年，北京市通过“北京市人民政府质量管理奖”评选活动，加强质量管

---

① 国家知识产权商标局　中国商标网：《2019 年四季度全国省市县商标主要统计数据》，2020 年 1 月 17 日，见 http://sbj.cnipa.gov.cn/sbtj/202001/t20200117_310563.html。

② 北京市统计局　国家统计局北京调查总队：《北京市 2019 年国民经济和社会发展统计公报》，2020 年 3 月 2 日，http://tjj.beijing.gov.cn/tjsj_31433/sjjd_31444/202003/t20200302_1673395.html。

理获奖单位的示范引领效应，提高全市各企业及组织重质量、创品牌的发展积极性。同时，继续开展质量企业标杆、品牌培育贯标、优秀质量管理成果现场交流等活动，推动产品标准、监测认证、计量测试与质量分类分级实现衔接，提升各行各业质量创新的主动性和积极性，增强企业质量品牌的发展意识，优化企业经营效益和服务水平。

3. 大力推广先进质量管理方法

北京市组织开展 2019“质量月”活动，通过组织企业参加全国质量标杆企业现场经验交流活动、系列质量管理活动经验交流会、质量信得过班组建设会等活动，大力推广先进质量管理方法，为企业提供经验交流分享平台，提高企业质量管理水平。在 2019 年北京市质量品牌建设标杆企业经验分享活动中，获得全国质量标杆企业奖的京东方科技集团股份有限公司、获得全国质量信得过班组奖的中国商飞北京研发中心气动研究班分享了各自企业质量管理的方法与经验，充分发挥质量标杆获奖企业的示范引领效应。

（三）重点领域

北京医药健康产业在北京科技创新中心的建设背景下，已成为最有创新驱动特点、最具经济结构优化潜力、最符合高质量发展要求的十大“高精尖”产业之一。北京市陆续发布《北京市加快科技创新发展医药健康产业的指导意见》《北京市加快医药健康协同创新行动计划（2018—2020 年）》等政策，通过科技创新推动北京市医药健康产业高质量发展。截至 2019 年 11 月，北京市有 311 家规模以上医药工业企业，100 余个亿元品种，总产值达 1323.3 亿元。2014—2019 年，北京市累计获得 42 个国家创新医疗（002173）器械特别审批，数量排全国第一。2018—2019 年，北京市有 3 个 1 类新药获批，数量排全国第二。

第二节　创新中心发展案例：国家轻量化材料及成形技术与装备创新中心

国家轻量化材料及成形技术与装备创新中心（以下简称轻量化创新中心）是在机械科学研究总院集团有限公司“机械科学研究总院先进制造技术研究中心”（以下简称研究中心）基础上，公司化改制重组形成，于 2017

年成立，共有12家股东，注册资本达2.56亿元，注册地在北京市怀柔科学城。

一、多层级结构推动创新发展

轻量化创新中心按照核心层、伙伴层、辐射层三层结构设置，覆盖70%以上本领域国家级创新机构。

核心层：以研究中心为主，构建轻量化材料制备、成形工艺开发、成形装备研制、中试验证等产业技术创新体系，打造创新中心核心技术研发机构。

伙伴层：以轻量化联盟成员单位为主，聚焦轻量化成形方面的技术需求，形成以产业孵化为主的科技成果转化创新体系，促进创新中心科研成果转化和产业化应用。

辐射层：以航空航天、节能与新能源汽车、能源电力装备、高技术船舶、先进轨道交通装备等领域企业为主，发挥轻量化创新中心引领作用，促进产业结构升级与优化。

二、一体化创新生态体系建设

轻量化创新中心针对航空航天、汽车、轨道交通等行业对轻量化的迫切需求，建立一体化创新生态体系，瞄准技术成熟度4～7级科技攻关，覆盖装备设计、研发、试验、检测、中试环节与成形工艺、轻量化材料，致力于建设成为世界一流的轻量化材料及成形制造技术与装备创新机构。研究中心拥有先进成形技术与装备国家重点实验室、国家技术转移示范机构、北京汽车与装备轻量化技术研发基地、北京金属件先进成形技术与装备工程技术研究中心等创新机构。研究中心累计获得科技成果奖励63项，其中国家级奖3项、省部级奖14项。

三、灵活的成果转化方式

轻量化创新中心成果主要通过股东、联盟成员进行转化。一种方式是以成果评估作价、骨干员工持股等方式组建专业公司，成果以现金或折算成股份方式向股东单位或外部企业转让，轻量化创新中心以技术或资金形式参股；另一种方式是授权许可外部企业使用轻量化创新中心的科技成果，轻量化创新中心通过现金、股权或分红权等获得技术权益收益。

第三节　工业质量发展案例：钢铁研究总院

钢铁研究总院作为权威的冶金测试机构，是拥有完整的化学、力学、无损探伤等分析测试手段的国际一流实验室，其测试结果在 36 个国家和地区均得到认可。

一、提出质量分级理念，打造行业“金牌供应商”

针对钢铁行业目前存在的低价中标、无序竞争、为控制成本而牺牲质量的不良现象，钢铁研究总院从行业经验出发，基于自身强大的研发和创新能力，提出钢铁产品质量分级的理念。即根据企业的装备情况、技术能力及产品大数据对企业某类特定产品的质量可靠性进行数字化的评价及差异化分档。目前，钢铁研究总院已完成船板、容器钢、管线板等多类钢铁产品、数10 条生产线的质量能力分级排名。质量能力分级排名为用户提供“优质优价”依据，树立供需双方品牌意识，有助于打造中国钢铁行业的“金牌供应商”。

二、牵头团体标准制定，推进质量分级应用推广

钢铁研究总院总结质量分级方案应用经验，采用的工序评价、价值函数等模型适用于多数工业流程，可以推广到其他原材料及工业品领域的质量分级评价。为更好地进行推广，钢铁研究总院牵头编制了钢铁产品质量分级系列团体标准，并于 2019 年 4 月 28 日正式发布第一批的 3 个标准。目前，质量分级分类概念已经列入工业和信息化部《原材料工业质量提升三年行动方案（2018—2020 年）》，在更广泛的范围内进行推广。

三、质量分级促进企业转型升级，树立行业品牌形象

钢铁研究总院的产品质量分级评价方法，使质量评价从静态走向动态，从考核样品走向考核能力，从局部评价走向全局评价，为钢铁行业摆脱“低质低价”竞争提供有效手段，为企业质量升级提供导向。质量分级的推广应用促进了钢铁企业的转型升级，有效提升了钢铁企业行业的品牌形象。

第九章

上海市工业技术创新发展状况

2019 年，上海市深入实施创新驱动发展战略，全面加快具有全球影响力科技创新中心的建设速度。上海市高度重视科技对产业的引领作用，深化科技体制机制改革，培育创新策源活力，持续推进上海市产业发展，在人工智能、集成电路、生物医药等关键领域逐步形成“上海方案”，为上海市核心竞争力的提升、经济高质量发展提供支撑。上海市持续推进“四大品牌”的建设，推出“上海品牌”评价认证体系，引导企业建立品牌意识，优化市场环境，营造政府重视质量、社会崇尚质量、企业追求质量、人人关注质量的良好社会环境。

第一节　发展回顾

2015—2019 年，上海市国民经济延续了总体平稳、稳中有进、进中固稳的发展态势。2019 年，上海市生产总值为 38155.3 亿元，按可比价格计算，比 2018 年增长 6.0%；全年实现工业增加值 9670.7 亿元，按可比价格计算，比 2018 年增长 0.4%。[①]2015—2019 年上海市生产总值、工业增加值及其增长速度如图 9-1 所示。

2019 年，上海市经济增速逐步回稳、经济结构持续优化。新产业、新模式、新业态持续增长，新能源产业产值同比增长 17.7%，互联网业务收入同比增长 30%以上；第三产业增加值占全市生产总值的比重达 72.7%，战略性

① 上海市统计局、国家统计局上海调查总队：《2019 年上海市国民经济和社会发展统计公报》，2020 年 3 月 2 日。

新兴产业增加值比 2018 年增长 8.5%，占全市生产总值的比重达 16.1%，比 2018 年提高 0.4 个百分点。①

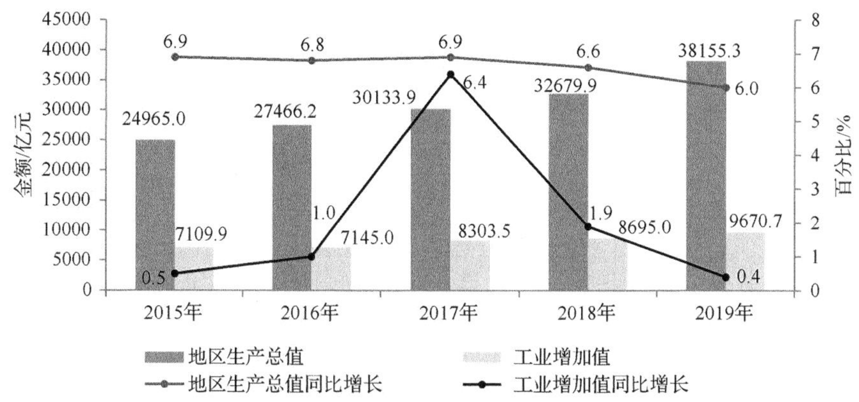

图 9-1　2015—2019 年上海市生产总值、工业增加值及其增长速度

数据来源：赛迪智库整理，2020 年 3 月

一、技术创新发展情况

（一）总体情况

2019 年，上海市深化科技体制机制改革，加强创新源头培育，优化创新生态环境，深化推进具有全球影响力的科技创新中心的建设工作。在生物医药、集成电路、人工智能、高端装备、新能源等重点领域取得一系列实质性突破。截至 2019 年年底，上海市累计有 1.3 万家高新技术企业，高新技术成果转化项目年内认定数达 822 项，创历史新高。2020 年 1 月，首都科技发展战略研究院和中国社会科学院城市与竞争力研究中心联合发布的《中国城市科技创新发展报告 2019》显示，上海市仅次于北京市、深圳市，位列科技创新发展水平排行榜全国第三。②

① 上海市统计局、国家统计局上海调查总队：《2019 年上海市国民经济和社会发展统计公报》，2020 年 3 月 2 日。

② 科学网：《中国城市科技创新发展指数 2019 发布》，2020 年 1 月 4 日，http://news.sciencenet.cn/htmlnews/2020/1/434504.shtm。

（二）主要做法

1. 深化科技体制机制改革

一是制定改革配套政策和举措。上海市加快建设具有全球影响力的科技创新中心，5 年以来，先后发布地方配套政策 70 余个，涉及改革举措 170 余项。2019 年，上海市发布《关于进一步深化科技体制机制改革 增强科技创新中心策源能力的意见》（即科改“25 条”），成立“四合一”的上海市推进科创中心建设办公室，率先迈出科创中心建设管理体制优化步伐。二是不断深化行政审批制度改革。推进“一网通办”和政务服务标准化建设，规范审批流程，精简审批环节，提高审批效率，健全行政审批制度和制约监督机制，实现“阳光审批”、高效审批。三是推进人才发展体制机制改革。印发《上海市促进科技成果转化条例》，通过立法形式规范科技成果的转化，将科技成果的使用权、处置权和收益权下放到科研团队。

2. 加强创新源头培育

一是扎实推动国家实验室筹建工作。主动参与建设覆盖量子信息、微纳电子、海洋等领域的国家实验室，成立张江实验室、国际人类表型组研究院、上海脑科学与类脑研究中心、量子研究中心等创新型研发机构，探索建设国家实验室的新机制，形成张江实验室建设方案。二是推动科技成果转移转化。改革科技成果转化中的权属关系，赋予科研人员更多权力；完善技术转移交易制度，推动高校及科研院所中技术转移服务机构市场化、专业化发展。三是大力推进国家重大科技项目的承接与实施。积极承接 2006—2020 年国家科技重大专项，主动对接科技创新 2030 重大项目；截至 2019 年 5 月，上海市累计牵头国家科技重大专项项目 854 项，开展科技重大专项 8 个，已投入地方财政 40 亿元。

3. 优化创新生态环境

一是建立健全成果转移转化服务体系。上海市从 2014—2019 年累计建设 16 家功能型平台，覆盖集成电路、生物医药等领域，并推动上海市各区产业与功能型平台衔接；同时促进社会化技术转移机构的发展及壮大。二是出台多项金融及财税政策，优化科技创新金融环境。上海证券交易所（以下简称上交所）发布设立“科创板”，并试点实施注册制，配套出台各项业务规则、业务指南与流程；2019 年，上交所受理企业上市申请共计 205 家，其中成功上市的企业有 70 家，筹集资金 824 亿元。三是加大知识产权保护及

运用力度。上海市设立了中国（浦东）知识产权保护中心、世界知识产权组织（WIPO）仲裁与调解分支机构；上线并试运行国家知识产权运营公共服务平台——国际运营（上海）试点平台。2019 年，上海市共有 17.36 万项专利提交申请，比 2018 年增长 15.5%，每万人口拥有 53.5 项发明专利，比 2018 年增长 12.7%。[①]

（三）重点领域

1. 人工智能领域

2019 年，上海市入选国家新一代人工智能创新发展试验区，加快人工智能“上海高地”的建设步伐，着力打造全要素、协同发展的良好生态。在政策方面，上海市发布了《关于本市推动新一代人工智能发展的实施意见》《关于建设人工智能上海高地 构建一流创新生态的行动方案（2019—2021 年）》等支持政策，设立专项资金，制定推进方案。在研发资源方面，上海市拥有上海交通大学智能计算与智能系统重点实验室、上海师范大学数理学院人工智能实验室、腾讯优图实验室等 16 家人工智能科研院所，以及微软、科大讯飞、依图科技、深蓝科技等上千家人工智能领域的核心企业。在创新生态环境方面，上海市发布了两批共 40 个“人工智能应用场景”，为人工智能新技术提供上海应用场景；成立上海人工智能发展联盟，打造政、产、学、研、资、用协同平台。2019 年 8 月，上海市成功举办世界人工智能大会，累计 60 多个国家参加，参会人员突破 24 万。

2. 集成电路领域

上海市是国内集成电路产业高地，拥有产业集中度高、综合技术能力强、产业链完善的明显优势。2019 年，上海市集成电路产业规模占全国比重为 22%，销售规模超 1700 亿元，比 2018 年增长 17%。在政策方面，上海市发布《关于本市进一步鼓励软件产业和集成电路产业发展的若干政策》《2019 年度“科技创新行动计划”集成电路领域项目指南》，设立软件和集成电路产业发展专项资金，促进核心技术攻关，优化产业发展环境，推动集成电路等三大产业“上海方案”加快落实。在创新资源方面，上海市拥有复旦大学

① 上海市统计局、国家统计局上海调查总队：《2019 年上海市国民经济和社会发展统计公报》，2020 年 3 月 2 日。

微电子学院、同济大学电子与信息工程学院、中国科学院上海微系统与信息技术研究所上海微技术工研院、上海集成电路研发中心和中科院上海高等研究院等一批高等院校及科研院所，积聚了超过600家集成电路企业，相关产业链企业突破1000家。在产业园区建设方面，建设集成电路设计产业园、智能传感器产业园、集成电路装备材料产业园，积极推进国家智能传感器、国家集成电路等创新中心的实施建设，提升原始创新能力。

二、质量品牌发展情况

（一）总体情况

上海市加快推进“上海服务”“上海制造”“上海购物”“上海文化”四大品牌建设，全力推进国际经济、金融、贸易、航运、科技创新中心建设，增强城市核心竞争力，加速上海市高质量发展。2019年，6家上海市企业获得“全国优秀质量管理小组”。截至2019年年底，上海市每万户市场主体拥有5450件注册商标，比2018年同期增长21.25%。

（二）主要做法

1. 加快推进“上海制造”品牌建设

上海市作为我国工业科技的创新基地，在新时代发展趋势下，以高端制造为引领，加快推进“上海制造”品牌建设。在政策方面，上海市出台多项制造业发展支持政策，包括提升实体经济“50条”、技术改造焕新计划、上海市产业地图等，上海市从土地、人才、资金、税收等各方面向“上海制造”倾斜，推动了制造业投资快速增长。上海市把质量标准作为“上海制造”的第一生命力，全面实施质量提升行动，推出制造业领域中经过上海市品质认证的产品及标准，着力打造“上海制造”在全国的质量标杆地位。

2. 正式推出“上海品牌”评价认证

上海市于2018年正式推出 “上海品牌”第三方品牌评价认证机制，引导企业建立品牌意识，优化市场环境。评价认证对标国内外一流标准，采用“政府引导、国际认可、市场主导、企业参与”的品牌发展新模式，由22家国内外知名认证机构联合，对服务、制造、购物、文化四大领域的产品和服务开展评价。截至2019年6月，上海市累计发布 “上海品牌”认证团体标准69个，包括46个产品类标准，23个服务类标准，通过“上海品牌”认证的企业共计 66 家。[①]

（三）重点领域

上海市将汽车产业作为“上海制造”品牌的典型代表，依托科技创新中心的雄厚实力，全力打造世界级的汽车产业集群。在 2019 年全国质量标杆奖项评选中，上海汽车集团股份有限公司（以下简称上汽集团）获奖。上汽集团“零缺陷”的质量管理思想，将质量工作贯穿企业经营活动各个环节，通过对标国际汽车行业质量体系，建立以主机厂为龙头的质量管理体系。近年来，上汽集团积极提升创新策源能力，发展自主品牌，以全球化的视野规划高质量发展新路径，努力建设具有国际品牌影响力的世界级品牌企业。

第二节　创新中心发展案例：国家智能传感器创新中心

国家智能传感器创新中心于 2018 年 7 月 3 日成立，由上海新微技术研发中心有限公司发起，联合上海市嘉定区集体经济联合社、中电海康集团有限公司等 14 家单位合资建设。国家智能传感器创新中心采取产、学、研、用的协同创新机制，在传感器新工艺、新材料、新器件及物联网等领域进行布局，以传感器先进制造工艺、封测工艺及设计集成技术为突破点，以研究和中试关键共性技术为目标，全力打造世界级的智能传感器创新中心。

一、构建四大核心功能平台

根据智能传感器产业发展趋势及重点着力点的技术需求，重点建设 4 个核心功能平台，包括研发设计中心、中试开发基地、测试评价中心和行业服务基地，促进传感器产业链协同发展。

二、多形式促进成果转化

通过研发、培训和工程服务，以及设备租赁、技术咨询、IP 授权和股权转让等盈利模式实现智能传感器关键技术成果转化。同时，引入超越摩尔基金等力量，提供资金和市场等资源。

① 中国新闻网：《对标国际最高标准 沪 66 家企业获“上海品牌”认证》，2019 年 6 月 12 日，http://www.sh.chinanews.com.cn/shms/2019-06-12/58154.shtml。

三、构建智能传感产业生态圈

通过向国内物联网、传感器企业提供技术服务及研发平台，覆盖设计、材料、制造、设备、封装、测试等产业链各环节，构建智能传感器产业生态圈，带动中国智能传感器产业快速发展。

第三节　工业质量发展案例：国家化学品及制品安全质量监督检验中心

国家化学品及制品安全质量监督检验中心（以下简称检验中心）在公共安全、新能源、环保健康、化工安全领域开展基础性、关键性和共性技术研究，提供标准、检测、检验、认证一体化技术服务，是国内唯一一家覆盖 1～9 类危险性及海陆空全部运输方式的危险货物分类检测和鉴定机构，获得多个国家实验室的资质认定，拥有我国第一家通过中国合格评定国家认可委员会（CNAS）认可的粉尘爆炸实验室。

一、积极推动化学品安检行业质量提升

检验中心可为政府及企业提供安检行业服务。为企业提供安全生产技术、生产安全评估、安全防护咨询，确保企业安全生产；为企业及运输部门提供货物运输条件鉴定、化学品危险性鉴定，保障货物运输安全；为政府相关部门提供督查抽查、风险监测等技术支持，提高政府机构市场监管执法的准确性，有效推动全国化学品安检行业技术水平和服务能力的提高。近 3 年，检验中心共保障上海浦东国际机场（以下简称浦东机场）和上海虹桥国际机场（以下简称虹桥机场）十余万件货物的储运安全，为浦东机场抽检化工品 4700 余件，查处各类问题样品 177 件。

二、大力开展产学研合作

检验中心通过共建联合研究所、产业化基地、联合实验室、产业技术联盟等多种形式，与多家国内外研究机构、大型集团企业、高等院校开展产学研合作，实现创新技术转移转化，促进产业升级。检验中心与上海机场集团有限公司合作开展了货物安全鉴定技术，为浦东机场和虹桥机场 95%以上的出口化学品进行危险性判定；与上海城投集团有限公司合作开展了排水和污水处理、土壤修复、城市垃圾处理、固废处置、城市与河道环境整治等领域

的技术合作。

三、积极推动标准研制

检验中心作为国际标准化组织（ISO/TC 134）的国内对口单位、国际肥料工业协会（IFA）肥料标准协调小组会成员、联合国全球化学品统一分类和标签制度（GHS）专家分委员会中国代表团成员，以及国家锂离子电池安全标准特别工作组、全国危险化学品管理标准化技术委员会委员单位，积极推动标准研制，为行业高质量发展提供标准依据。2013—2018 年，累计参与制（修）订国际标准 16 项、国家标准 50 项、行业标准 15 项。

第十章

广东省工业技术创新发展状况

2019 年，广东省坚持把自主创新作为推动高质量发展的重要支撑，大力提升科技创新能力，加快科技创新强省建设；大力推动制造业高质量发展，提高产业基础能力和产业链现代化水平，加快现代产业体系建设。广东省人民政府出台实施《关于进一步促进科技创新的若干政策措施》及推动制造业高质量发展相关的政策文件，攻坚克难突破重点领域关键环节。依托广东省高度重视科技对产业的引领作用，加强产业创新体系建设，推动制造业转型升级，促进科技成果转化，努力推动制造强省、网络强省建设，着力完成数字经济强省转型新格局。推广先进质量管理方法，开展“质量标杆”活动，深化工业品牌和区域品牌培育，实施“三品”行动计划，推进工业质量品牌水平提升。

第一节　发展回顾

2019 年，广东省工业生产呈现总体平稳、稳中有变的发展态势。规模以上工业实现增加值 33616.10 亿元，同比增长 4.7%。民营企业保持较快发展，全省规模以上民营工业企业实现增加值比 2018 年增长 7.6%，占全省规模以上工业的比重为 53.4%，对全省规模以上工业增长的贡献率达 84.3%。从支柱行业看，计算机、通信和其他电子设备制造业增加值增长 7.4%，电气机械和器材制造业增长 8.8%，两大龙头行业合计对全省规模以上工业增长的贡献率达 60.1%。高端产业发展良好，全省先进制造业和高技术制造业增速均高于全省平均水平，其中先进制造业增长 5.1%，占规模以上工业的比重为

56.3%；高技术制造业增长 7.3%，占规模以上工业的比重为 32.0%。[①]

一、技术创新发展情况

（一）总体情况

2019 年，广东省以科技创新作为核心推动制造业发展，集聚制造业高端创新资源，不断突破关键核心技术瓶颈；以工业企业作为推动实体经济创新的主战场，强化创新资源集聚，聚焦产业集群，以大企业为龙头，推动产业链协同创新。中国科技发展战略研究小组发布的《中国区域创新能力评价报告 2019》显示，广东省区域创新能力连续 3 年居全国首位。[②]

（二）主要做法

1. 构建创新型产业体系

一是以制造业创新中心为抓手。2019 年 3 月，广东省工业和信息化厅（以下简称广东省工信厅）组织开展广东省第四批制造业创新中心创建工作，确定了 5 家筹建的省级制造业创新中心。围绕新一代信息技术、高端装备制造、绿色低碳、生物医药、数字经济、新材料、海洋经济等战略性新兴产业，目前已经在建 4 批共 20 家省级制造业创新中心，并在此基础上成功创建国家柔性及印刷显示创新中心。

二是加强企业技术创新平台建设。2019 年，广东省新认定 162 家省级企业技术中心，新确定 106 家单位为省级工业设计中心、首批 3 家省级工业设计研究院，入围国家技术创新示范企业 47 家。通过评选的方式，鼓励有能力的企业技术中心、工业设计中心与科研院所、高校、上下游企业开展协同创新，搭建协同创新平台。

2. 推动制造业智能化转型

一是实施产业链协同创新行动。支持行业龙头企业为产业集群量身定制

---

① 广东统计信息网：《2019 年广东宏观经济运行情况》，2020 年 1 月 19 日，http://stats.gd.gov.cn/tjkx185/content/post_2876668.html。

② 广东省人民政府：《我省区域创新能力连续 3 年全国居首 企业主体作用充分发挥 企业创新能力强成为广东创新核心优势》，2019 年 11 月 18 日，http://www.gd.gov.cn/gdywdt/gdyw/content/post_2700531.html。

智能化转型方案，以湛江小家电集群、汕头玩具产业集群、阳江五金刀剪产业集群为试点，采取“政府政策+龙头企业+融资担保+产业链中小企业”的模式，促进产业集群基于产业链、供应链、资金链、创新链等融通发展，提升产业集群竞争力。在总结试点经验的基础上，省市联合，组织更多的龙头骨干企业，分行业与各地市产业集群对接，组织开展产业链协同创新，提升产业集群竞争力。

二是扎实推进工业技术改造。为进一步引导和激发工业企业加快技术改造投资，广东省工信厅下达“2019年加大工业企业技术改造奖励力度（设备事前奖励）资金项目计划”，资金额度共计73538.08万元，推动制造业企业广泛运用数字化、网络化技术改造提升生产设备及其数字化水平。

三是树立智能制造标杆。广东省工信厅组织开展了“2019年省智能制造试点示范项目申报”工作，遴选了57个项目为2019年省级智能制造试点示范项目，以发挥示范作用，促进生产过程智能化，缩短产品研制周期。

3. 促进创新成果转化

一是搭建线上、线下创新成果应用推广平台。围绕“互联网+战略性新兴产业+新技术新产品对接”的思路，建设产业创新成果应用推广平台，助推创新成果与产业对接。依托产业集群，发挥专业机构作用，建设机器人等新技术、新产品展示超市。组织召开新兴产业专题现场对接活动，有针对性地组织产业链上下游企业参加。

二是建设创新成果产业化基地。加快建设珠三角国家科技成果转移转化示范区，培育了一批技术市场服务机构。深入推动区域协同创新，增强产业关键共性技术攻关和成果转化能力，形成一批具有国际竞争力的特色产业集群。

（三）重点领域

1. 电子信息

作为电子信息产业大省，“广东制造”曾面临着“缺芯少核”的发展瓶颈。为加快补齐短板，实现自主替代，广东省持续推动“粤芯芯片”等产业项目不懈攻关，带动基础算法、操作系统、电子元器件的研发制造，实现体系性发展。2019年9月，粤芯12英寸晶圆项目正式投产，以高端模拟芯片、汽车电子、生物医疗检测、5G前端模块等产品为主要方向，带动上下游企业形成千亿产值规模。

2019年是5G商用元年。《广东省加快5G产业发展行动计划（2019—2022年）》提出，要着力突破5G关键核心技术，将关键技术纳入省重大科技专项扶持和研发计划；推进5G众创空间、孵化器、加速器等公共平台建设；聚焦制造业、医疗等垂直行业，建设5G融合应用创新中心和成果转化基地；打造世界级5G产业集聚区。广东省各地纷纷发力抢先布局5G产业。2019年9月，华为向全球推出最新一代旗舰芯片麒麟990系列，其中麒麟990 5G是全球首款旗舰5G SoC（系统级芯片）。同年12月，广东省首批5G产业园落地广州、深圳、汕头三市，已培育5G超高清视频、智慧医疗等300个应用示范企业（产品），建设8个5G+工业互联网应用示范园区。

2. 高端装备制造

广东省紧紧抓住科技创新"牛鼻子"，抢占产业发展制高点，扎实推进先进装备制造业建设。围绕电器机械、智能制造等一批竞争优势明显、带动作用强的主导产业，打造产业发展创新载体和公共服务平台，培育了一批高新技术企业和工业大型股干企业，同时聚焦优势产业，整合产业链上下游企业、科研院所等资源，建设制造业创新中心，组建重点产业技术创新联盟，开展"产学研用"合作，培育形成了珠海船舶与海洋工程装备制造、中山市光电装备产业、江门轨道交通装备产业、阳江风电产业、肇庆市汽车零部件产业等20个产业集聚区。

二、质量品牌发展情况

（一）总体情况

2019年5月，广东省工信厅发布《关于印发2019年工业质量品牌建设工作计划的通知》，为广东省质量品牌建设明确具体路径。同年11月，召开全省推动制造业高质量发展大会，提出围绕工业"四基"筑牢产业基础，培育壮大根植性和竞争力强的制造企业群，树立广东制造"质量标杆"。2020年3月，佛山市顺德区美的洗涤电器制造有限公司等10家企业或组织获得"2019年度广东省政府质量奖"。①

① 广东省人民政府办公厅：《广东省人民政府关于表彰2019年度广东省政府质量奖获奖企业或组织的通报》，2020年3月6日，http://www.gd.gov.cn/gkmlpt/content/2/2923/post_2923070.html#8。

（二）主要做法

1. 夯实质量基础

一是加强质量管理宣传培训。依托有关行业组织，在全省范围内推广应用包括六西格玛、卓越绩效模式、全面质量管理等在内的先进质量管理方法，举办标准体系质量管理培训，重点开展“新版 GB/T 19004 标准理解与应用实施”标准培训，引导企业自觉承诺并履行质量责任，加强质量管理，树立和维护质量信誉。

二是组织开展“质量标杆”活动。积极参与国家级“质量标杆”评选，2019 年，广东省有 3 家企业入选全国“质量标杆”；指导省质量协会开展 2019 年“质量标杆”活动，共计评选出 7 项“质量标杆”典型经验，通过经验示范引导广大工业企业提升产品和服务质量。

2. 深化工业品牌和区域品牌的培育

一是深化工业品牌培育工作。建立品牌管理成熟度评估模型，组织开展工业品牌宣传和建设经验交流，举办“品牌升级、世界共享”主题品牌故事大赛、品牌创新成果发布等活动，营造品牌建设氛围；组织开展质量品牌自我评价、在线教育、专家咨询、经验交流活动等服务。

二是推进区域品牌培育工作。按照国家制造强国建设工作部署和省委、省政府相关工作要求，出台世界级先进制造业集群培育行动计划，推进制造强省建设工作。开展产业集群区域品牌建设，督促产业集群区域品牌建设单位落实区域品牌建设方案。选取电子信息、汽车、智能家电、机器人、绿色石化 5 个重点产业，高起点培育世界级产业集群。

（三）重点领域

1. 消费品行业

一是深入实施“三品”战略。广东省工信厅支持、指导有关行业协会组织认定具有独特功能或市场价值的升级和创新消费品新产品，公布第一批、第二批《广东消费品供给指南》新产品新技术共 315 项，并颁布《广东省纺织服装创意设计园区（平台）培育建设实施方案（2019—2025 年）》，推进广东省纺织服装强省建设。二是推进食品工业企业诚信体系建设。加强食品工业企业评价队伍建设，加强诚信体系宣传推广。

2. 装备制造行业

一是强化“四基”攻关。2019 年 6 月，22 家广东企业入选工业和信息

化部第一批专精特新“小巨人”企业名单，入选企业多聚焦细分行业，针对工业机器人、智能制造等领域的核心基础零部件、先进基础工艺和关键基础材料进行创新攻坚，在提升产品质量等方面发挥示范带动作用。二是持续推动珠江西岸装备制造业高质量发展。以珠江西岸先进装备制造业产业带为主要载体，根据产业基础和发展定位，一地一策、一市一策，出台推动制造业高质量发展的指标体系、标准体系、评价体系，聚焦核心技术攻关和关键零部件研发，加大技术改造投入和支持力度，重视龙头骨干企业支柱、引领作用，培育形成了 20 个各具特色的产业集聚区。

第二节 创新中心发展案例：广东省未来通信高端器件创新中心

广东省未来通信高端器件创新中心（以下简称创新中心）是广东省工业和信息化厅于 2018 年重点培育建设的第三批省级制造业创新试点企业，是由深圳市福田区政府、南方科技大学、力合科创集团联合多家 5G 产业链上下游龙头企业和上市公司共同发起成立。创新中心专注于推进 5G 研发应用，补齐 5G 产业短板，夯实 5G 产业基础，全面提升我国在 5G 及未来通信领域的核心竞争力。

一、创新中心主要研究方向

新型半导体材料及工艺共性关键技术和产业化；基站用中高频功率放大器、滤波器、阵列天线等核心器件产业化关键技术；面向射频前端、硅基毫米波集成芯片设计关键技术。

二、成立 5G 产业技术联盟

目前，创新中心已拥有成员单位近 200 家，涵盖中国电信、中国移动、中国联通、华为、中兴等百余家行业龙头企业，以及清华大学、南方科技大学、西安电子科技大学、中国电子信息产业发展研究院、东南大学、浙江大学等知名高校和科研院所及半数以上领域内国家级创新平台。联盟以“标准+专利”作为抓手，进一步整合行业内优势创新资源，协同开展行业关键共性技术的研发，坚持开放式发展，旨在充分发挥联盟的行业影响力和资源整合能力，同时带动全行业创新发展。

三、研发成果推广情况

创新中心已在通信领域取得众多研发成果，实现多个技术突破，完成6项发明专利申请。创新中心参与举办了汇芯（中国）产业技术发展论坛、全国集成电路“创业之芯”大赛、大学生集成电路设计·应用创新大赛、全国大学生集成电路创新创业大赛等大型活动，进一步辐射和支持产业发展。

第三节　工业质量发展案例：工业和信息化部电子第五研究所

工业和信息化部电子第五研究所（又称中国赛宝实验室），是中国最早从事可靠性研究的权威机构，提供从材料到整机设备、从硬件到软件直至复杂大系统的认证计量、试验检测、分析评价等技术服务。

一、打造质量可靠性整体解决（TSQ）平台

TSQ以质量可靠性技术和管理诊断为手段，针对企业的战略、机制、产品、流程查找问题，挖掘短板，利用技术工具和管理手段持续改进质量水平，提升产品的档次和附加值，助力企业能力提升。近几年，TSQ已为通信、轨道交通、家电等行业的众多企业提供“一站式”的可靠性保障和提升的技术服务，为企业查找影响其技术改造、技术创新、转型升级的短板和薄弱环节，并在此基础上提供专业的诊断报告和整体解决方案或建议，并为企业后续转型升级提供长期的技术支撑。

二、建设质量品牌公共服务生态圈

打造检验检测服务平台——希测网。针对我国检验检测服务能力弱、与市场需求脱节的现状，以“众包”的模式实现检验/检测业务和服务能力创新，以销售“众筹”的思想逐步延伸拓展平台的服务领域和服务能力，以基于云的大规模服务能力的智能均衡配置方法，优化检测资源系统配置，提升检测机构服务能力和创新检测机构运行机制，制定规范的行业服务标准，引导和完善检测技术产业发展。

打造质量品牌服务平台——质量品牌公共服务平台。紧扣企业转型升级目标和发展中存在的典型问题和障碍，以汇集全国质量品牌资源为重点，

打造一个在全国范围内推行先进质量品牌管理方法、创建质量品牌公共服务生态圈和质量品牌大数据库等的“制造业+互联网”公共服务平台。为增强企业质量提升和品牌培育能力，全面推进质量和品牌建设，促进工业转型升级提供了技术保障，为中国质量品牌发展大业中的 5 种重要力量（政府、企业、从业人员、行业协会、服务机构）提供质量品牌需求“一站式”解决方案。

第十一章
江苏省工业技术创新发展状况

2019 年，江苏省深入贯彻落实新发展理念，扎实走好高质量发展之路，努力推动制造强省、网络强省建设，着力完成数字经济强省转型新格局。在技术创新方面，进一步着力科技创新、产业提升和布局优化，把创新作为产业发展的第一动力，完善以企业为主导的创新体系，实施关键核心技术攻关工程，揭榜攻关多项关键核心技术，先进制造业集群培育取得新突破，多项创新成果问世。在质量品牌方面，成立江苏省质量发展委员会，开展“质量标杆”评选、“江苏精品”认证，打造“百企引航”“千企升级”领军企业，开展“自主工业品牌五十强”评选 、“品牌之旅”等活动，稳步推进品牌企业培育，推动自主品牌企业做强做优。

第一节　发展回顾

2019 年，江苏省工业运行稳中提质，高技术制造业增势较快。规模以上工业增加值比 2018 年增长 6.2%。医药、交通运输设备、电气机械和专用设备等先进制造业增加值分别增长 19.0%、17.3%、16.9%、8.2%。全年高技术制造业增加值增长 6.8%，增速比规模以上工业高 0.6 个百分点，占规模以上工业比重达 21.8%，比 2018 年提高 1.3 个百分点。全年战略性新兴产业、高新技术制造业产值分别增长 7.6%和 6.0%，占规模以上工业总产值比重分别达 32.8%和 44.4%。[①]

① 江苏省统计局：《2019 年江苏经济总体平稳、稳中有进》，2020 年 1 月 22 日，http://tj.jiangsu.gov.cn/art/2020/1/22/art_4031_8954903.html。

一、技术创新发展情况

（一）总体情况

江苏省深入实施创新驱动发展战略，加快突破关键核心技术，着力推动科技与经济结合、成果向产业转化。2019 年，研发投入超过 2700 亿元，占 GDP 比重达 2.72%，其中，企业研发投入占比超过 80%。高新技术企业达 2.4 万家，净增近 6000 家。万人发明专利拥有量达 30.2 件，同比增加 3.7 件。科技进步贡献率为 64%，区域创新能力位居全国前列。①

（二）主要做法

1. 加强产业创新体系建设

一是积极推进制造业创新中心建设。2019 年 6 月，国家先进功能纤维创新中心成为全国第 13 个、江苏省首个国家制造业创新中心。江苏省围绕重点培育的 13 个先进制造业集群，以每个集群至少建设 1 个以上的制造业创新中心为目标，已经在 13 个集群里面建设了 8 家试点、19 家培育的省级制造业创新中心。制造业创新中心承担一批省级以上科技重大专项、突破一批行业关键技术，促进了先进制造业自主可控能力的提升。

二是加强企业创新平台建设。2019 年，江苏省新认定国家企业技术中心 7 家，累计建设省级以上企业技术中心 2444 家，其中，国家企业技术中心 117 家、国家技术创新示范企业 45 家。以企业为主体、产学研紧密结合的技术创新体系日益完善，按照国家相关规定享受支持科技创新税收优惠政策。

2. 推动产业转型升级

一是突破产业关键核心技术。以培育先进制造业集群为目标，聚焦新型电力装备、物联网等 10 个产业，以及集成电路、高端软件等 6 个产业的相关主攻环节，梳理并确定重点产业领域关键共性技术清单，组织实施关键核心技术攻关，力争在江苏省有基础的领域率先实现突破。

二是着力加大技术改造力度。以“三化一补两提升”为方向，开展大规模技术改造，落实《江苏省工业企业技术改造综合奖补资金实施细则》，推

---

① 江苏省人民政府：《江苏省政府 2020 年政府工作报告》，2020 年 1 月 22 日，http://www.jiangsu.gov.cn/art/2020/1/22/art_60096_8954517.html。

进新一轮大规模技术改造和设备更新，加速推动冶金、建材、医药、石化等传统产业向数字化、网络化、智能化发展。

三是着力培育壮大“三新”经济。加强人工智能、大数据、区块链等技术创新与产业应用，培育壮大新一代信息技术等战略性新兴产业，加快 5G 和车联网先导区建设。

3. 加强成果的转化应用

一是深入推进创新成果转化。围绕江苏省重点培育的先进制造业集群，选择先进材料、生物医药、半导体 3 个战略性前瞻性领域，开展新型产业技术集成创新试点，齐力推进 22 个重点创新平台建设；组织了 157 项产业关键共性技术研发项目，联合地方共同转化 102 项具有自主知识产权的重大科技成果；培育了进入“大国重器”的海上浮式生产储卸油平台、我国首个进入医保目录的抗肿瘤（PD-1）I 类创新药等一批重大标志性自主创新产品。

二是打通“最后一公里”。在全国率先组织“科技镇长团”“科技副总”“产业教授”，带动 8 万多名专家、教授常年活跃在创新一线，将更多创新资源导流到企业，促进企业的自主研发、技术创新，促进科技成果转化。

（三）重点领域

1. 生物医药

依托产业规模全国领先和医药龙头企业集聚优势，江苏省正在努力打造成为我国生物医药领域创新平台体系最全、企业研发能力最强、产业发展质态最优的产业创新高地。在政策方面，江苏省出台了《关于推动生物医药产业高质量发展的意见》，增强生物医药产业集聚和生物医药产业原始创新能力，进一步提升产业规模和质量。在基础研究方面，鼓励以精准治疗和临床价值为导向的药物创新，突破生物技术药下游技术瓶颈，加强对子行业骨干企业的自主创新扶持力度，不断增强江苏省在生物医药领域的话语权和影响力。在成果转化方面，江苏省创新药、创新医疗机械申报量一直居全国前列，越来越多的创新成果贴上了“江苏制造”的标签。例如，前沿生物的全球首个长效艾滋病治疗药物，恒瑞医药的国内首个自主研发的乳腺癌抗 HER2 治疗靶向药物，豪森医药的首个国产长效胰高血糖素样肽-1（GLP-1），迄今批准上市的 3 个国产免疫抑制分子 PD-1 抗体药物均来自江苏企业。

2. 纺织

长期以来，江苏省高度重视和大力推动纺织产业发展，出台了一系列

政策和举措，推进纺织业优化升级、自主创新和品牌建设。一是培育高端纺织先进制造业集群。以苏州市、无锡市、南通市、常州市、南京市等地为主，全省上下积极配合、协同发展，广泛发动和统筹国内外优势创新资源，发展技术创新中心、时尚创意中心和品牌营销中心等价值链高端环节，2020 年，基本建成一个综合竞争力进一步增强、达到或接近国际先进水平的先进制造业集群。二是创建国家制造业创新中心。充分发挥江苏省纺织产业制造优势、企业优势，以产学研上下游协同创新模式推动苏州市创建国家先进功能纤维创新中心，为行业提供跨领域的关键共性技术研发、工程验证与产业化支撑。

二、质量品牌发展情况

（一）总体情况

2019 年，江苏省政府成立省质量发展委员会，统筹质量品牌发展、质量基础建设等工作。引导企业开展技术创新，推进中小企业质量品牌建设，推进实施消费品“三品”行动。江苏省工业和信息化厅印发《江苏省扩大和升级信息消费“三品”行动实施方案》，布局信息消费领域“增品种、提品质、创品牌”，为提升“江苏品牌”影响力，开展江苏省“自主工业品牌五十强”等宣传活动。

（二）主要做法

1. 夯实质量基础，树立“质量标杆”

一是组织开展“质量标杆”评选活动。积极参与国家“质量标杆”评选，2019 年，江苏省有 5 家企业入选国家“质量标杆”；省质量协会开展“质量标杆”活动，2019 年，评选出 16 项“质量标杆”典型经验。通过“质量标杆”示范和引导广大工业企业提升产品和服务质量。

二是提升技术支撑能力。围绕产业集群急需的共性技术研发、产品质量检测等服务，建设一批区域性综合服务和行业性专业服务平台。积极开展强制性产品认证改革，组织开展检验检测机构信用评价试点。开展“江苏精品“认证，按照标准化引领、第三方认证、市场化运作的思路，制定一批高于国际标准的“江苏精品”标准体系，培育一批“江苏精品”品牌企业。

2. 以技术创新打造品牌优势

一是“百企引航”，打造行业领军企业。在重要的细分行业，特别是新兴产业确定100家左右重点企业，“一企一策”，精准扶持，力争用3～5年时间，推动这批企业在规模实力、创新能力、品牌影响力和产业生态整合力等方面达到国内行业领军水平。

二是“千企升级”，做精做强中小企业。以信息化、数字化、网络化、智能化为导向，促进面广量大的中小企业改造升级，推动企业在规模体量、创新水平、品牌影响力等方面与国际先进对标。鼓励中小企业专注细分领域做精做强，2019年，有18家江苏企业入选工业和信息化部首批248家专精特新“小巨人”企业名单。目前，全省有省级科技小巨人企业260家，获国家工业和信息化部认定“制造业单项冠军”58家。实施中小企业知识产权战略推进工程，推广产品专利标志，促进中小企业“专精特新”发展。

3. 深化品牌培育，加强品牌交流

一是大力宣传贯彻品牌培育管理体系，目前已组织220家企业参加工业和信息化部品牌培育试点，43家企业获得工业和信息化部品牌培育示范企业称号，16个产业集群区域品牌被认定为工业和信息化部试点，数量均居全国首位。

二是积极举办品牌交流活动。开展江苏省“自主工业品牌五十强”宣传活动，徐州工程机械集团有限公司等50家江苏企业入选。省工业和信息化厅和省质量管理协会联合举办了江苏省“品牌之旅”系列活动，宣传江苏省“自主工业品牌五十强企业”和“质量标杆”企业的品牌培育经验。召开“江苏品牌”发展峰会，与会者积极建言献策，以质量为基石、以产业为支撑、以品牌国际化为方向，深入推进“高端品牌培育工程、特色品牌集聚工程、国际品牌创建工程、知名品牌保护工程”，实现“江苏品牌”影响力的新攀升和新聚合。

（三）重点领域

1. 消费品行业

根据《关于开展全省消费品工业“三品”专项行动促进产业加快转型升级的实施意见》，实施消费品“三品”战略。一是自主创新“增品种”。支持和鼓励企业建设高水平的企业技术中心、工程（技术）研究中心、重点实验室等研发机构；开展共性关键技术攻关，解决重点产业发展瓶颈问题。二是

智能制造“提品质”。加快培育智能车间、智能工厂和智能制造示范项目，支持和鼓励行业龙头企业主导和参与国际标准、国家标准、行业标准的制（修）订，不断推进行业品质升级。三是融合发展“创品牌”。工业和信息化部组织了苏州、镇江、南通等3个城市入选了工业和信息化部评选的消费品工业“三品”战略示范城市。江苏省充分发挥“三品”战略示范城市带动作用，跟踪培育服装家纺重点品牌企业，积极筹办江苏国际服装节、塑料“四新”展等展会，加大自主品牌宣传力度，加快培育品牌竞争优势。从2016年起，已组织了三批消费品工业“三品”示范企业评选工作，目前江苏省共有103家企业入选，其中2019年有39家企业入选。通过示范企业的典型引领，加快推动消费品工业高质量发展，提高消费品有效供给能力和水平。

2. 装备行业

一是着力增强产业基础能力。以“三化一补两提升”为方向，支持企业实施大规模设备更新和技术改造。以突破关键共性问题为导向，建立以企业为主体、市场为导向、产学研深度融合的产业技术攻关机制，发挥好骨干企业、制造业创新中心、企业技术中心的作用，完善“揭榜攻关”机制，加快突破关键核心技术。扎实推进工业强基工程，13个示范项目纳入国家工业强基重点工程、工艺“一条龙”应用计划，燃气轮机控制系统、高能X射线管等取得重大突破，有力促进了产业基础能力提升和产业链现代化。

二是着力培育自主品牌领军企业。实施“百企引航”“千企升级”行动计划，引导企业围绕核心技术、关键资源、知名品牌、市场渠道等实施高端兼并重组项目，形成更多具有全球影响力的世界一流制造企业。实施标准领航质量提升工程，打造“工业精品”，做强“江苏制造”质量品牌。

第二节　创新中心发展案例：江苏省先进封装与系统集成制造业创新中心

江苏省先进封装与系统集成制造业创新中心（以下简称创新中心）是江苏省工业和信息化厅于2016年重点培育建设的第一批省级制造业创新试点，以华进半导体先进封装/系统集成国家级研发平台为基础，联合中科院微电子所、长电科技、通富微电、天水华天、深南电路、苏州晶方、兴森快捷、安捷利、中科物联、国开基金、东南大学等集成电路封测与材料产业龙头企业及科研院所组成，是采用企业化运作、以市场为导向、“产学研用”相结合的产业共性技术研发中心。

一、构建创新型研究团队

创新中心实施“大兵团作战”，组建成员约 300 人，其中，专职研发人员占比 80%以上，副高级以上职称人员 20 人。先后引进国家级高层次人才 8 名、中科院“百人计划”2 名、江苏省 “创新人才”4 名、江苏省产业技术研究院研究员 2 名；高档数控机床中心共有人员 60 名，均为本科以上学历，其中博士 25 人、高级职称 26 人，科研技术人员占创新中心员工总人数的 96%。

二、加快关键共性技术突破

创新中心在板级扇出型封装技术、毫米波雷达集成天线封装技术、5 面保护晶圆级芯片尺寸封装技术上取得突破进展。

三、逐步提升公共技术服务能力

创新中心为企业解决技术需求 6 项，其测试平台为超过 400 家企业提供了服务，提供检测测试服务超过 1200 次，在江苏省率先实现了盈利。

第三节　工业质量发展案例：南京海关纺织工业产品检测中心

依托南京海关纺织工业产品检测中心（以下简称检测中心）的工业（产业用纺织品）产品质量控制与技术评价江苏实验室，不断加强技术能力建设，充分发挥检测中心的作用，积极服务地方经济发展和产业结构转型升级，全力助推高质量发展。

一、技术创新能力建设不断加强

检测中心不断加强技术能力建设，在已具备检验检测能力基础上，近两年来，先后投入近 1000 万元，新购置了电磁辐射性能测试仪、应急救援防护服测试系统、热防护性能测试仪等近百台（套）专业检测设备，组织开展了对汽车用纺织品、防护服、过滤材料、医用卫生用纺织品、抗菌纺织品等产业用纺织品领域新产品、新项目能力的开发，建成了静电室、微生物室、燃烧室、环境老化室等专业检测室。

二、基础研究成效十分显著

检测中心不断加强科研标准基础研究，不断满足和适应产业转型升级和企业创新发展的新需求。近两年来，已承担完成《阻燃防护服安全舒适性测试评价技术的研究》等 8 个国家、行业、团体标准的制（修）订工作，在国内外学术期刊发表论文 33 篇、获授权专利 4 项、研究成果获科技表彰 6 项。

三、质量提升上不断拓展新产品新项目检测能力

近两年来，检测中心通过技术创新和基础研究，不断拓展新产品、新项目的检测能力，每年新增检测项目、标准 50 个以上。2018 年以来，已累计为全国 1800 多家纺织服装企业提供 3.2 万多批次、约 70 万项次的检测技术服务。同时，积极为纺织企业新型功能纺织材料和产品开发提供专业技术支持。例如，发挥检测中心在车内控制质量检测分析的优势，成功帮助苏州某汽车公司解决客户对汽车空气质量投诉的问题；联合上海某企业制定香味纺织品检测方法及标准，为该企业新开发产品进入市场提供了标准依据等。

政　策　篇

第十二章

中国工业技术创新发展政策环境分析

作为引领经济发展的第一动力，创新是建设现代化经济体系的战略支撑。2019 年，世界经济增速放缓，主要发达国家增长态势、通胀水平和货币政策分化明显，各国纷纷出台国家级创新战略，争相布局人工智能、量子通信等新兴技术领域。在党中央、国务院的高度重视和大力支持下，2019 年，我国各行各业深入贯彻落实创新驱动发展战略，积极推动制造业高质量发展，创新创业生态环境得到进一步优化升级。从体制机制上看，我国在外资准入制度、成果转化机制、知识产权保护及人才激励机制等方面出台了一系列政策措施，为加快建设创新型国家提供了有力的战略支撑。

第一节　国际环境分析

一、世界各国进一步完善顶层设计，加快布局产业领域科技创新

随着新一轮科技革命和产业革命蓬勃兴起，科技创新已成为增强国家核心竞争力的决定性因素。世界主要国家纷纷加强自身在科技创新领域的人、财、物投入，纷纷将制造业“再回归”和创新驱动战略作为争夺未来产业话语权的生命线，针对创新资源和创新成果展开了激烈的竞争，以期在新的世界发展格局中占据有利地位。

2019 年 2 月 7 日，美国白宫网站发布了题为《美国主导未来产业》的发展规划，涵盖了 4 项关键技术。一是人工智能，其主要应用领域包括改善疾病诊断和治疗的方式、种植粮食、生产和交付新产品、管理财务、为家庭供电及旅行等。二是先进制造，其发展的重点包括提高生产力、生产技术优势

产品、形成全新产业等。三是量子信息科学，主要应用方向包括半导体、GPS导航设备和核磁共振成像等。四是5G技术，高速、大容量网络的开发和部署将成为驱动创新、带动尖端科技发展的关键。2019年9月，美国政府发布《2021财年政府研发预算重点》备忘录，为美国科技创新重点发展方向奠定了总基调。美国政府聚焦国家安全、新兴产业、能源环保、生物健康和太空探索五大关键领域，大幅增加联邦政府科技预算，并提出打造多元化美国科研人才队伍，创建反映美国价值的科研环境，支持高风险、高回报的颠覆性研究，充分利用大数据构建、增强和扩展战略性多部门合作等重点措施。

2019年，德国联邦政府围绕《高科技战略2025》制定一系列后续政策。在健康和护理领域，发布“国家抗癌十年计划”，致力于发展癌症预防、早期诊断和治疗措施；开始建设“德国全球健康中心”，以抗击全球性疾病；通过“未来护理挑战赛”建立1个国家护理创新中心和4个护理实践中心，通过两大创新集群资助以发展健康护理领域的人机交互尖端技术。在可持续发展、气候保护和能源领域，出台“联邦政府第七期能源研究框架计划”，以能源效率、可再生能源和数字化、行业耦合等主题为核心研究领域，5年内将拨款64亿欧元促进能源研究发展。在交通工具领域，德国联邦政府开展了“城市出行2025”和“出行方式未来实验室2050”项目，旨在从2020年起支持对城市新型出行方式的全面研究和试验；出台“自动驾驶研究行动计划”，对教育与研究部、经济部和交通部的未来资助重点和方向进行了统一规划。

2019年3月，为应对经费缺少、人才匮乏、高质量论文排名逐年下降等问题，日本政府公布了“登月计划”，旨在全力打造“登月型研究开发制度”，并制定了克服低生育高龄化、恢复地球环境、新技术开发3个目标，以及为达目标的25个课题。具体来看，2035年课题包括大幅改善老年人的生活质量，开发可在太空运行的高性能多自由度机器人和人造卫星群；2040年课题包括实现以预防措施和健康为主流的生活，实现农林水产业和建筑工程的完全自动化等；2050年课题包括实现机器人化技术，实现用现在资源损耗的1/100来维持现在生活水平的工业生产与利用等；2060年课题包括实现可持续的能源独立。

2019年，为减少英国在“后脱欧时代”制造业、金融业和科技研发等领域增长乏力的可能性，英国政府通过“产业战略挑战基金”对一些重大行业领域的技术研发和产业发展进行强力资助，具体包括疾病发现（主要支持对

癌症等重大疾病早期诊断和治疗技术的研发）、数字安全（主要支持研发应对网络攻击和确保网络安全的软硬件技术）、电力革命（主要支持研发下一代电动汽车）、工业脱碳（支持在产业集群中部署碳捕捉和氢网络的技术研发）、制造业智能化、低成本核能（建造比传统核电站更小、成本更低的创新型微型核电站）和智能化可持续塑料包装（主要支持研发能够减少供应链浪费的技术方法）等。

二、发达国家集中发力新兴技术领域，颠覆性创新被提升至全新战略高度

当前，世界竞争格局发生众多变化，全球主要发达国家在人工智能、量子通信、生物科学、高端装备制造等新兴技术领域不断加强战略部署，意图利用颠覆性科技创新进一步刺激产业增长，提高国家竞争力。

美国密集推出多项针对新兴技术领域的国家战略。2019 年 2 月，特朗普签署了名为《维持美国在人工智能领域的领导地位》的总统行政命令，宣布启动“美国人工智能倡议”，首次从国家战略层面提出美国政府未来发展人工智能的指导原则。2019 年 2 月 11 日，白宫科技政策办公室发布《“美国人工智能计划”：首个年度报告》，从以下 5 个角度全面确保美国在人工智能领域的领导地位：一是促进对人工智能研发（R＆D）的持续投资，保证美国在人工智能底层技术和基础研究方面的领先优势；二是向美国人工智能研究人员开放更多的数据、模型和计算资源，以提升这些资源对人工智能研发的价值；三是为产业界更好地开发和使用人工智能制定指南，培养公众对人工智能的基本信任，同时加快制定人工智能技术标准；四是开展“学徒计划”等培训项目，加快培育具备人工智能相关技能的人才；五是打造支持美国人工智能研发的国际环境，为美国人工智能产业开辟国际市场。2019 年 6 月，美国国家科学技术委员会推出了《国家人工智能研发战略计划（2019 更新版）》，为联邦政府资助的人工智能研究确立了八大优先事项。

德国联邦政府在 2019 年拨款 5 亿欧元用于人工智能领域的研究和应用。其中，1.5 亿欧元用于人工智能领域研发的奖励机制，用以鼓励产业界投资人工智能研究，并将人工智能选为 2019 年科学年的主题，推动社会各界就人工智能进行更广泛的交流。德国联邦政府于 2019 年 9 月 18 日审议通过并发布了《国家区块链战略》。该战略由德国联邦经济和能源部、财政部等机构共同起草，明确了政府在区块链领域的五大重点发展方向，包括加强金融

领域的技术应用与监管、支持技术创新项目与应用示范、制定明确的政府投资计划、加强政务服务领域的技术应用、开展相关教育培训及合作等，以进一步释放创新活力、推动应用落地，充分把握区块链技术带来的新机遇，挖掘其促进经济社会数字化转型的潜力。

俄罗斯于2019年4月批准了《2019—2027年俄罗斯联邦基因技术发展计划》，将在6年内从联邦预算拨款112亿卢布（约1.75亿美元），于2027年前在37个领域展开基因技术研发并新建65个世界一流实验室。该计划的主要目标是全面解决并加速发展基因技术任务，为医学、农业等创造科技储备，监测并预防相关领域的紧急状况发生；创建和发展实验室及科教组织中心，研究用于农业和工业的生物产品及卫生保健免疫工具等。该计划将以3年计划的形式进行，预计可利用基因遗传编辑技术开发出实际经济中需求的植物、动物及水产养殖产品，提供用于保健、农业和工业生物技术的生物制品，以及系统诊断和免疫生物产品的开发。

三、国际竞争进入新阶段，中美科技“脱钩”风险持续加大

2019年，美方对华加征关税的商品规模继续扩大，并从贸易摩擦快速升级到科技战、经济战、金融战、地缘战。美国政府利用投资限制、技术封锁、人才交流中断、孤立中国等多种手段，全力遏制中国经济崛起和产业升级，尤其是对中国高科技领域龙头企业实施全方位精准打压。

2019年5月15日，特朗普签署总统行政命令，宣布美国进入紧急状态，禁止美国公司使用“威胁国家安全”的企业所生产的电信设备。2019年5月16日，美国商务部工业安全署以华为违反伊朗制裁令为由，将华为及其全球68家子公司纳入出口管制实体清单。在未经美国政府批准的情况下，华为将无法再和美国企业合作，包括购买元器件和相关技术，甚至还将被禁止与美国高校、研究机构、国际标准组织交流。受实体清单影响，蓝牙技术联盟、SD协会、Wi-Fi联盟等多家国际标准组织终止了与华为的正常合作，纷纷撤销了其会员资格。2019年6月21日，美国商务部将曙光信息产业股份有限公司、天津海光先进技术投资有限公司、成都海光集成电路公司、成都海光微电子技术公司、无锡江南计算技术研究所5家中国企业和研究机构纳入“实体清单”，旨在阻断其与美国有关的供应链，至此，美国完成了对我国“超算军团”的全面封锁。2019年10月8日，美国商务部将28家中国实体加入“实体清单”，包括20家政府机构与海康威视、大华股份和科大讯飞等8家

高科技企业，禁止这些实体购买美国产品。美国利用出口管制“实体清单”打压中兴、华为等我国高科技龙头企业，严重制约了我国高科技企业的经营发展，破坏了全球产业生态和国际治理体系，进一步遏制了我国在未来国际规则制定中的参与权和主导权。从美国政府的制裁内容和制裁对象来看，存在贸易战逐步升级为科技“冷战”和“脱钩”的风险，这一趋势值得高度关注和警惕。

第二节　国内环境分析

一、贯彻落实创新驱动发展战略不断深入

2016 年 6 月，国务院发布《国家创新驱动发展战略纲要》（以下简称《纲要》），围绕六大“转变”谋篇布局，全面推动我国创新体制机制改革。《纲要》提出构建多元化、协同高效的创新治理格局，建立国家高层次创新决策咨询机制，理顺中央各部门行政职能，构建国家科技管理基础制度，改革中央财政科技计划和资金管理机制，健全创新评价制度体系和职称评审制度。特别是针对我国现有科技评价体制机制弊端，《纲要》特别提出再造科技计划管理体系，深层次理清管理体制机制存在的种种弊端和问题，具体包括构建覆盖全过程的监督和评估制度，完善国家科技报告制度，建立国家重大科研基础设施、科技基础条件平台开放共享制度和国家创新调查制度。

在党中央、国务院的高度重视和大力支持下，2019 年，我国创新体系、创新环境、创新生态不断优化，创新观念与时俱进。2019 年 10 月 31 日，党的十九届四中全会作出关于坚持和完善中国特色社会主义制度、推进国家治理体系和治理能力现代化若干重大问题的决定，对完善科技创新体制机制、加快建设创新型国家提出了明确要求：弘扬科学精神和工匠精神，加快建设创新型国家，强化国家战略科技力量，健全国家实验室体系，构建社会主义市场经济条件下关键核心技术攻关新型举国体制。加大基础研究投入，健全鼓励支持基础研究、原始创新的体制机制。建立以企业为主体、市场为导向、产学研深度融合的技术创新体系，支持大中小企业和各类主体融通创新，创新促进科技成果转化机制，积极发展新动能，强化标准引领，提升产业基础能力和产业链现代化水平。完善科技人才发现、培养、激励机制，健全符合

科研规律的科技管理体制和政策体系，改进科技评价体系，健全科技伦理治理体制。[①]

二、推动制造业高质量发展的重要性日益凸显

党的十九大报告指出“我国经济已由高速增长阶段转向高质量发展阶段，正处在转变发展方式、优化经济结构、转换增长动力的攻关期，建设现代化经济体系是跨越关口的迫切要求和我国发展的战略目标”。党的十九大对未来我国经济建设提出了深化供给侧结构性改革、加快建设创新型国家、实施乡村振兴战略、实施区域协调发展战略、加快完善社会主义市场经济体制、推动形成全面开放新格局六大战略方针。在深化供给侧结构性改革中提出，将实体经济作为着力点，提升供给质量，大力发展先进制造业，推动新一代信息技术与实体经济深度融合，实现在中高端消费、创新引领、绿色低碳、共享经济、现代供应链等领域新动能的培育。

2019 年中央经济工作会议再次强调了要着力推动高质量发展。要坚持巩固、增强、提升、畅通的方针，以创新驱动和改革开放为两个“轮子”，全面提高经济整体竞争力，加快现代化经济体系建设。要深化科技体制改革，加快科技成果转化应用，加快提升企业技术创新能力，发挥国有企业在技术创新中的积极作用，健全鼓励支持基础研究、原始创新的体制机制，完善科技人才发现、培养、激励机制；要支持战略性产业发展，支持加大设备更新和技改投入，推进传统制造业优化升级。要落实减税降费政策，降低企业用电、用气、物流等成本，有序推进“僵尸企业”处置。要健全体制机制，打造一批有国际竞争力的先进制造业集群，提升产业基础能力和产业链现代化水平；要更多地依靠市场机制和现代科技创新推动服务业发展，推动生产性服务业向专业化和价值链高端延伸，推动生活性服务业向高品质和多样化升级。[②]

三、基础研究牵引自主创新能力稳步提升

基础研究是整个科学体系的源头，是实现重大技术突破、抢占知识产权

---

① 新华社：《党的十九届四中全会〈决定〉》，2019 年 11 月 5 日，https://china.huanqiu.com/article/9CaKrnKnC4J。

② 人民网：《中央经济工作会议在北京举行 习近平李克强作重要讲话》，2019 年 12 月 12 日，http://finance.people.com.cn/n1/2019/1212/c1004-31503693.html。

高地的基础，也是体现一个国家科技综合实力的重要标志。进入 21 世纪以来，各主要学科领域在理论体系、重大问题等方面取得了一系列重大进展，呈现出持续加速的态势。要抓住新一轮科技革命和产业变革的战略机遇，必须打好基础研究这一事关我国科技长远发展的根基。

党的十九届四中全会指出，一方面，要紧紧围绕经济社会发展的重大需求，从中发现重大科学问题、解决好这些问题，以应用研究带动和提升基础研究的原创能力。另一方面，也要鼓励科学家树立创新自信，瞄准前沿重大科学问题，特别是重大新兴交叉方向，开展基于好奇心驱动的自由探索，努力在原创发现、原创理论、原创方法上取得更多重大突破。进一步明确加大基础研究投入的机制。目前，我国基础研究投入占比明显偏低，严重制约了原始创新能力的提升。要根据基础研究和原始创新的特点和规律，加大中央财政对基础研究长期持续稳定的支持力度。强化竞争择优，不搞“大水漫灌”，重点支持创新能力强的科研机构和优秀科技人才，重点建设一批具有先进水平的跨学科创新基础平台和设施，重点布局一批重大前沿交叉项目。同时，也要积极探索多元化的投入机制，鼓励和引导企业、社会重视和加强对基础研究的投入和支持。稳定支持一批高水平的卓越创新中心，加快建设一批国际一流科研机构。部署实施基础前沿科学研究计划和一批“从 0 到 1”的原始创新项目，严格遴选优秀项目试行“5 年支持模式”，加快形成一批具有引领作用的重大创新方向。遴选支持一批有潜质的优秀青年人才，瞄准科技前沿，甘坐“冷板凳”，力争未来一个时期产出一批达到国际重要奖项水平的重大原创成果。①

第三节　制度体制条件

一、进一步扩大对外开放力度，营造公平透明的营商环境

党的十九大报告关于新时代我国对外开放作出总体部署，要求推动形成全面开放新格局，要实行高水平的贸易和投资自由化便利化政策，全面实行准入前国民待遇加负面清单管理制度，大幅度放宽市场准入，扩大服务业对

① 中国科学院：《白春礼：加快完善科技创新体制机制　为建设创新型国家提供制度保障》，2019 年 9 月 20 日，http://www.cas.cn/yw/202001/t20200106_4730287.shtml。

外开放，保护外商投资合法权益。

2019 年 3 月 15 日，全国人大通过《中华人民共和国外商投资法》（以下简称《外商投资法》），对外商投资的准入、促进、保护、管理等做出了统一规定。同年 3 月 28 日，李克强在博鳌亚洲论坛 2019 年年会开幕式上宣布，加快制定《外商投资法》的配套法规，扩大增值电信、医疗机构、教育服务、交通运输、基础设施、能源资源等领域对外开放。2019 年 4 月 26 日，第二届“一带一路”国际合作高峰论坛上指出，中国将采取一系列重大改革开放举措，加强制度性、结构性安排，促进更高水平对外开放，包括更广领域扩大外资市场准入、更大力度加强知识产权保护国际合作、更大规模增加商品和服务进口、更加有效实施国际宏观经济政策协调、更加重视对外开放政策贯彻落实。中国将继续大幅缩减负面清单，推动现代服务业、制造业、农业全方位对外开放。这与特朗普的“美国优先”形成鲜明对比。2019 年 6 月 30 日，国家发展改革委、商务部公布了《外商投资准入特别管理措施（负面清单）（2019 年版）》[以下简称负面清单（2019 年版）]，与 2018 年版相比，负面清单（2019 年版）进一步放宽了采矿业、交通运输、基础设施、文化等领域的投资限制，形成制造业基本放开、服务业和其他领域进一步开放、鼓励领域越来越广的外资新管理体系。全国外资准入负面清单条目由 48 条减至 40 条，压减比例为 16.7%。负面清单进一步缩短，外商投资范围更进一步扩大。进一步推进服务业扩大对外开放，放宽采矿业、制造业、交通运输业等准入措施；外资可以在更多行业领域依法享受优惠政策，将制造业作为鼓励外商投资的重点方向；同时加大生产性服务业开放发展支持力度，促进服务业转型升级。负面清单（2019 年版）在吸收外资结构上，服务业从改革开放初期的占比几乎为零，逐渐发展至近年成为吸收外资的主力军。负面清单（2019 年版）放宽了交通运输、基础设施、文化领域、增值电信等领域限制；取消了水利、环境和公共设施管理对投资国家保护的原产于中国的野生动植物资源开发的限制；取消了国内船舶代理须由中方控股的限制，取消了 50 万人口以上城市燃气、热力管网须由中方控股的限制，取消了电影院建设、经营需由中方控股限制，取消了演出经纪机构需由中方控股限制；增加了国内多方通信、存储转发类、呼叫中心 3 项增值电信业务对外资的限制。放宽服务业、制造业的市场准入门槛，让外资在华有了更大的施展空间。通过新的开放措施，将进一步深化我国同其他国家和地区间的投资合作，开展更广泛的资本、

技术、管理、人才交流，从而在更大范围内实现互利共赢。[①]

二、强化科技成果转化体制机制改革，提高科研人员成果转化积极性

改革开放 40 多年来，党和国家为促进科技成果转化出台了一系列政策法规，带动从中央到地方的各级政府及其职能部门积极响应，颁布相应促进科技成果转移转化的实施细则与行动方案，已逐渐形成一个具有中国特色的政策体系。

2019 年 9 月 23 日，财政部发布《关于进一步加大授权力度 促进科技成果转化的通知》（以下简称《通知》），在原已下放科技成果使用权、处置权、收益权的基础上，进一步加大科技成果转化形成的国有股权管理授权力度，畅通科技成果转化有关国有资产全链条管理，支持和服务科技创新。按原规定，中央级研究开发机构、高等院校科技成果作价投资形成国有股权的转让、无偿划转或者对外投资等事项，需要按权限逐级报主管部门和财政部审批或者备案；科技成果作价投资成立企业的国有资产产权登记事项，需要逐级报财政部办理。《通知》将原由财政部管理的上述事项，授权中央级研究开发机构、高等院校的主管部门办理。《通知》还整合了科技成果转化涉及的国有资产使用、处置、评估、收益等管理规定。在资产使用和处置方面，中央级研究开发机构、高等院校自主决定科技成果转让、许可或者作价投资，无须报主管部门和财政部审批或备案；在资产评估方面，科技成果转让、许可或者作价投资，由单位自主决定是否进行资产评估；在收益管理方面，科技成果转化获得的收入全部留归单位，纳入单位预算，不上缴国库。为加强授权后对科技成果转化有关国有资产管理的监督，做到放管结合，《通知》明确了财政部、主管部门、中央级研究开发机构和高等院校的监管职责。此外，为促进地方科技成果转化，《通知》要求地方财政部门落实授权精神，结合本地区经济发展、产业转型、科技创新等实际需要，制定具体规定，进一步完善科技成果国有资产管理制度。同时，鼓励地方开拓创新，探索符合

① 《关于〈外商投资准入特别管理措施（负面清单）（2019 年版）〉的政策解读》，2019 年 7 月 22 日。

科技成果国有资产特点的管理模式。①

三、全面强化知识产权保护力度，助推创新驱动发展战略落实

科技创新日新月异，知识产权保护已成为创新驱动发展的“刚需”和国际贸易的“标配”，也是塑造良好营商环境的重要方面。近年来，随着一系列创新举措的落地实施，我国知识产权保护能力和保护水平得到全面提升。

2019 年 9 月 26 日，中共中央办公厅、国务院办公厅印发《关于强化知识产权保护的意见（以下简称《意见》），对我国进一步加强知识产权保护作出全面部署。一是强化制度约束，确立知识产权“严保护”政策导向。包括加大对侵权假冒行为的惩戒力度、严格规范证据标准、强化案件执行措施、完善新业态/新领域保护制度等。二是加强社会监督共治，构建知识产权“大保护”工作格局。包括加大执法监督力度、建立健全社会共治模式、加强专业技术支撑等。三是优化协作衔接机制，突破知识产权“快保护”关键环节。包括优化授权/确权/维权衔接程序、加强跨部门跨区域办案协作、推动简易案件和纠纷快速处理，加强知识产权快保护机构建设等。四是健全涉外沟通机制，塑造知识产权“同保护”优越环境。包括更大力度加强国际合作、健全与国内外权利人沟通渠道、加强海外维权援助服务，健全协调和信息获取机制等。《意见》提出，要从加强基础平台建设、加强专业人才队伍建设、加大资源投入和支持力度等方面加强基础条件建设，有力支撑知识产权保护工作。《意见》明确指出，全面加强党对知识产权保护工作的领导。地方各级党委和政府要全面贯彻党中央、国务院决策部署，落实知识产权保护属地责任。各地区各部门要加大对知识产权保护资金投入力度。鼓励条件成熟的地区先行先试，率先建设知识产权保护试点示范区。将知识产权保护绩效纳入地方党委和政府绩效考核及营商环境评价体系，确保各项工作要求有效落实。②

---

① 中华人民共和国财政部《财政部有关负责人就印发〈财政部关于进一步加大授权力度 促进科技成果转化的通知〉答记者问》，2019 年 10 月 11 日，http://zcgls.mof.gov.cn/zhengwuxinxi/zhengcejiedu/201910/t20191011_3399731.html。

② 中华人民共和国中央人民政府：《国家知识产权局新闻发布会介绍〈关于强化知识产权保护的意见〉有关情况》，2019 年 11 月 25 日，http://www.gov.cn/xinwen/2019-11/25/content_5455579.htm#1。

四、优化完善创新人才激励机制，激发科研人员创新源动力

为深入实施创新驱动发展战略，完善科技奖励制度，更好地激发全社会创新活力，2019 年 12 月 18 日，国务院总理李克强主持召开国务院常务会议，会议通过《国家科学技术奖励条例（修订草案）》（以下简称《条例》），将近年来科技奖励制度改革和实践中的有效做法上升为法规。这是《条例》自 1999 年颁布后的第三次修改，明确规定国家科学技术奖实行提名制度，且“三大奖”（自然科学奖、技术发明奖、科学技术进步奖）每年奖励总数从原来的 400 项大幅削减至不超过 300 项。这两大变化，呼应了科技界对国家科学技术奖的两大主要关切：行政推荐导致公信不足、数量过多影响奖项质量。具体来看，一是将过去主要由单位推荐改为专家、学者、相关部门和机构等均可提名，打破部门垄断，并强化提名责任。二是完善评审标准、突出导向。自然科学奖要注重前瞻性、理论性，加大对数学等基础研究的激励；技术发明奖、科学技术进步奖要与国家重大战略和发展需要紧密结合，注重创新性、效益性。三是强化诚信要求，加大违纪惩戒力度。在科技活动中违反伦理道德或有科研不端行为的个人和组织，不得被提名或授奖。提名专家、机构和评审委员、候选者等违反相关纪律要求的，取消资格并记入科研诚信失信行为数据库。四是坚持评审活动公开、公平、公正，对提名、评审和异议处理实行全程监督。五是各地各部门要精简各类科技评奖，注重质量、好中选优，减轻参评负担，营造科研人员潜心研究的良好环境。①

① 中国科协：《李克强主持召开国务院常务会议 通过〈国家科学技术奖励条例（修订草案）〉》，2017 年 10 月 28 日，https://baijiahao.baidu.com/s?id= 1653378872745429598&wfr=spider&for=pc。

第十三章

2019 年中国重点技术创新政策解读

为促进科技创新引领制造业高质量发展，充分发挥科技创新的引擎作用。2019 年，我国围绕技术创新体系各维度发布了一系列政策措施，深化实施创新驱动发展战略。在创新主体方面，推进“双创”升级，加强对民营和小微企业的各项扶持政策，强化企业创新主体地位；在创新支撑方面，大力推进工业互联网等行业标准体系、金融保险政策等的建设，打造创新活动开展的条件；在创新环境方面，持续加强外资利用、全面对外开放等环境建设，提升企业创新动力；在创新体制机制方面，继续深化科技体制改革，完善区域科技创新先行先试机制，加速破解体制机制障碍，形成全面深化改革和创新驱动发展的新局面。

第一节　主要政策分析

截至 2020 年 2 月，国务院、工业和信息化部、科技部及国家发展改革委等部门出台了《国务院办公厅关于推广第二批支持创新相关改革举措的通知》《促进健康产业高质量发展行动纲要（2019—2022 年）》《关于支持打造特色载体推动中小企业创新创业升级工作的通知》《关于进一步深入推进首台（套）重大技术装备保险补偿机制试点工作的通知》《科技领域中央与地方财政事权和支出责任划分改革方案》《关于推进国家级经济技术开发区创新提升打造改革开放新高地的意见》等一系列创新政策（详见表 13-1），主要聚焦科技创新机制设计、旧有科技体制改革、创新创业升级、行业高质量发展、科技创新金融措施改革、工业发展标准体系、区域创新机制深化发展、中小企业创新扶持和营商环境优化等多个方面，为进一步提高自主创新能力、推进制造业高质量发展创造条件、夯实基础。

表 13-1　2019 年我国重点技术创新政策

时　　间	颁布部门	政　　策
2019 年 1 月	国务院	《关于推广第二批支持创新相关改革举措的通知》
2019 年 1 月	国务院	《国务院办公厅关于抓好赋予科研机构和人员更大自主权有关文件贯彻落实工作的通知》
2019 年 1 月	国务院	《国务院关于促进综合保税区高水平开放高质量发展的若干意见》
2019 年 3 月	国家发展改革委	《促进健康产业高质量发展行动纲要（2019—2022 年）》
2019 年 3 月	工业和信息化部	《工业互联网综合标准化体系建设指南》
2019 年 4 月	工业和信息化部、财政部	《关于发布支持打造大中小企业融通型和专业资本集聚型创新创业特色载体工作指南的通知》
2019 年 5 月	财政部、工业和信息化部、银保监会	《关于进一步深入推进首台（套）重大技术装备保险补偿机制试点工作的通知》
2019 年 5 月	国务院	《科技领域中央与地方财政事权和支出责任划分改革方案》
2019 年 5 月	国务院	《关于推进国家级经济技术开发区创新提升打造改革开放新高地的意见》
2019 年 8 月	工业和信息化部	《工业和信息化部关于促进制造业产品和服务质量提升的实施意见》
2019 年 8 月	国务院	《国务院关于印发 6 个新设自由贸易试验区总体方案的通知》
2019 年 9 月	国务院	《全国质量工作部际联席会议制度》
2019 年 11 月	国务院	《国务院关于进一步做好利用外资工作的意见》
2019 年 12 月	财政部、科技部、工业和信息化部、人民银行等	《关于开展财政支持深化民营和小微企业金融服务综合改革试点城市工作的通知》
2020 年 1 月	国务院	《关于支持国家级新区深化改革创新加快推动高质量发展的指导意见》
2020 年 2 月	国家发展改革委、科技部、工业和信息化部等	《智能汽车创新发展战略》
2020 年 2 月	国务院	《国务院办公厅关于推广第三批支持创新相关改革举措的通知》

数据来源：赛迪智库整理，2020 年 3 月

一、《国务院办公厅关于抓好赋予科研机构和人员更大自主权有关文件贯彻落实工作的通知》

为修正科研机构和人员管理机制改革政策落实过程中存在的问题，最大化地发挥政策效果，提升科研人员的积极性和主动性，国务院于2019年1月发布《国务院办公厅关于抓好赋予科研机构和人员更大自主权有关文件贯彻落实工作的通知》（以下简称《贯彻落实工作的通知》）。《贯彻落实工作的通知》指出，要充分认识赋予科研机构和人员自主权的重要意义，各地区、各部门和各单位要修订和制定相关实施办法和制度。要深入推进下放科研管理权限的工作，推动下放预算调剂和仪器采购管理权、科研人员的技术路线决策权、项目过程管理权等工作落实到位；要进一步做好已出台法规文件中相关规定的衔接工作，确保科研人员兼职、获得科技成果转化收益、科技成果管理和项目收费细化管理等各项工作措施；要加强监督指导政策贯彻落实工作，包括加强对政策落实的自查督查、监督和宣传培训等。

二、《国务院关于促进综合保税区高水平开放高质量发展的若干意见》

为推动形成全面开放的全新格局，以高水平开放推动高质量发展，将综合保税区建成新时期全面深化改革和创新驱动发展的新高地，国务院于2019年1月发布《国务院关于促进综合保税区高水平开放高质量发展的若干意见》（以下简称《促进综合保税区高水平开放高质量发展意见》）。《促进综合保税区高水平开放高质量发展意见》明确提出，综合保税区“坚持创新驱动，转型升级”和“坚持质量第一，效益优先”的基本发展原则。同时提出要推动综合保税区创新创业，把综合保税区打造成为研发设计中心；要促进研发创新，推动实施境外进口研发货物、物品免于提交许可证等举措，支持国家技术创新中心、国家产业创新中心和新型研发机构等研发创新机构在综合保税区发展。

三、《关于发布支持打造大中小企业融通型和专业资本集聚型创新创业特色载体工作指南的通知》

为深入指导各个地方建设大中小企业融通型和专业资本集聚型创新创业特色载体工作，根据《关于支持打造特色载体推动中小企业创新创业升级工作的通知》，工业和信息化部在2019年4月发布《关于发布支持打造大中

小企业融通型和专业资本集聚型创新创业特色载体工作指南的通知》（以下简称《工作指南》）。《工作指南》指出，小微企业创业创新基地、众创空间、孵化器是支持创新创业的关键载体，必须落实几项重点任务，“支持引导创新创业特色载体向专业化精细化方向升级”是其中一项关键举措，具体包括如下 3 点：一是引导创新创业特色载体向实体经济领域集聚，提升载体或平台的产业资源整合能力；二是强化创新创业特色载体的创新引领能力，有效增强技术创新资源服务供给能力；三是采取市场化手段运作创新创业特色载体，引入专业化的运作团队。

四、《关于进一步深入推进首台（套）重大技术装备保险补偿机制试点工作的通知》

首台（套）重大技术装备保险补偿机制试点工作自 2015 年开始，财政部、工业和信息化部等通过金融保险手段支持破解初期市场信任不足和研发应用瓶颈，推动重大技术装备创新。新形势下，为进一步完善首台（套）重大技术装备保险补偿机制试点工作，协助制造业高质量发展，2019 年 5 月，工业和信息化部、财政部和中国银行保险监督管理委员会（以下简称银保监会）发布了《关于进一步深入推进首台（套）重大技术装备保险补偿机制试点工作的通知》（以下简称《试点工作的通知》）。《试点工作的通知》明确了首台（套）重大技术装备、首台（套）重大技术装备保险的定义，指定《首台（套）重大技术装备推广应用指导目录》由工业和信息化部制定和调整，阐明了首台（套）重大技术装备综合险示范条款、补偿机制、职责分工、地方政策落实、绩效管理和其他各项工作机制。

五、《科技领域中央与地方财政事权和支出责任划分改革方案》

为全面落实创新发展和科教兴国战略，遵循科技工作的客观规律，立足实际借鉴国际经验做法，构建协同高效、合理分工和规范完整的科技财政支出和事权责任划分模式，推进建立区域均衡、财力协调和权责清晰的中央及地方财政关系，国务院于 2019 年 5 月发布了《科技领域中央与地方财政事权和支出责任划分改革方案》（以下简称《改革方案》）。《改革方案》确立了“科学厘清政府与市场边界”“合理划分中央与地方权责”“统筹推进当前与长远改革”3 项基本原则，按照科技工作的规律和科技体制改革的总体要求，把科技领域财政支出和事权划分为研发创新、创新基地发展建设、人才队伍培养、研发成果转移转化、地区创新体系构建、科技普及、研究机构改革和建设发展等方面，明确了中央财政和地方财政在不同方面、不同情况下，承担的不同责任义务，还提出了组织领导、财力保障、绩效管理、协同改革等一系列保障措施。

六、《关于推进国家级经济技术开发区创新提升打造改革开放新高地的意见》

为全力建设国家级经济技术开发区的开放发展新机制，推动更高水平的开放型经济，加速形成国家竞争新优势，最大化地体现产业和制度优势，推动地区经济进步，国务院于 2019 年 5 月发布《关于推进国家级经济技术开发区创新提升打造改革开放新高地的意见》。《关于推进国家级经济技术开发区创新提升打造改革开放新高地的意见》提出，要提升产业创新能力，鼓励国家级经济技术开发区（以下简称经开区）推广复制自主创新示范区、自贸区等试验区的经验，先期落实国家科技创新政策，建成国家有成效政策的大力度试验区。制度创新聚焦在科技金融发展、科技成果转化和服务业开放及施行新兴产业的审慎包容监管等方面。选取满足条件的国家级经开区建设特色创新创业载体，助推中小企业创新创业升级。支持国家级经开区对企业提供知识产权维权援助、知识产权运营和专利导航等服务，其他政策措施还包括科研人员发明成果收益所得税减免政策、不动产投资信托基金试点和资本项目收入结汇便利试点等。

七、《工业和信息化部关于促进制造业产品和服务质量提升的实施意见》

为切实执行《中共中央国务院关于开展质量提升行动的指导意见》，加速提高制造业产品及服务质量，推进制造业高质量发展，工业和信息化部于 2019 年 8 月发布《工业和信息化部关于促进制造业产品和服务质量提升的实施意见》（以下简称《实施意见》），《实施意见》从质量主体责任、提升动力、发展环境和重点产业 4 个方面提出建设任务：要落实企业的质量主体责任，包括健全质量责任体系、强化全面管理和建设质量文化等；要加强质量提升动力，发挥标准带动、技术支撑和品牌促进作用；要完善质量发展环境，在质量、价格、市场环境和服务支撑方面下功夫；要加速重点产业质量提高，

重点产业包括原材料工业、装备制造业、消费品工业和信息技术产业。《实施意见》还从组织落实、人才培育和宣传引导 3 个方面阐明了支撑制造业产品和服务质量提升的保障措施。

八、《国务院关于进一步做好利用外资工作的意见》

为贯彻对外开放的基本国策，着力打造透明公开和可预期的外商投资环境，坚持深化“放管服”改革，稳定、优化外资规模和结构，国务院于 2019 年 11 月发布《国务院关于进一步做好利用外资工作的意见》（以下简称《意见》）。《意见》在针对外商投资的科技创新、知识产权和标准制定方面提出一些措施，具体包括优化外商投资企业的科技创新服务，在这类企业的高新企业认定工作中加强指导、培训和服务工作，达到推动外资投向更多高科技产业领域的作用；发挥知识产权保护的重要作用，减轻外商投资知识产权案件的诉讼负担，加强对商业秘密的保护力度，提高知识产权安检的审判效率和质量，完善、优化技术调查机制等，保障公平、透明、有效监管的市场环境；大力鼓励和指导外商投资企业全面参与我国标准制定工作，尤其在信息化产品、食品药品和医疗器械等行业加大力度，有效提升行业技术标准和规范的透明度及规范性。

九、《关于开展财政支持深化民营和小微企业金融服务综合改革试点城市工作的通知》

为有效落实国家支持民营和小微企业发展的部署决策，充分发挥财政资金的引导和支撑效用，优化民营和小微企业金融服务的高效机制，财政部、科技部、工业和信息化部、人民银行和银保监会 5 个部门于 2019 年 12 月联合发布《关于开展财政支持深化民营和小微企业金融服务综合改革试点城市工作的通知》（以下简称《工作通知》），利用财政扶持民营和小微企业服务综合改革试点城市，中央财政将支持奖励资金。《工作通知》的内容包括确定中央财政的奖励政策，中央财政自 2019 年起每年安排 20 亿元资金，支持某些试点城市，资金用途主要为民营和小微企业的信贷风险补偿/代偿或融资担保的资本补给；明确试点城市的选择标准，采取择优的原则，试点城市一般应选择地级市。《工作通知》还确立了绩效评价指标实施结果的运用规则及涉及机构的职责分工等，为推进我国民营和小微企业的创新创业和高质量发展的金融措施改革，夯实发展条件。

十、《智能汽车创新发展战略》

为捕捉智能产业发展战略机会，加速推动智能汽车产业创新发展，国家发展改革委联合科技部、工业和信息化部等部委于2020年2月联合发布了《智能汽车创新发展战略》，旨在推进各项战略部署有效落地。《智能汽车创新发展战略》主要确定了智能汽车产业创新的主要任务。一是建设智能汽车的科技创新体系，重点完善核心基础和测试评估两项技术，并开展大规模、综合性的应用示范试点工作。二是建设智能汽车产业生态体系，在产业核心竞争力、新型市场主体、产业发展形态和新技术应用转化4个方面持续发力。三是建设智能汽车基础设施，包括智能道路基础设施、车联网、高精度时空服务、地理信息系统和大数据平台等。四是建设相配套的法规体系，不限于法律法规本身，还包括技术标准、认证认可制度的全面完善。五是建设相应的产品监控机制，完善一系列车辆产品管理规定，强化车辆标识、身份认证、跟踪追溯等管理办法。六是建设相应的网络安全体系，严格落实安全管理联动机制、网络安全防护能力及数据安全的管理监控。《智能汽车创新发展战略》还指出，为保障以上任务顺利开展，还要在组织实施、扶持政策、人才保障、国际合作、优化环境等方面加强保障。

第二节　主要特点分析

一、深化科技体制改革，进一步激发科技创新活力

改革开放以来，我国针对旧有科技体制持续改革，取得了重大成就，使得科技事业发展不断取得历史性胜利。在持续的改革过程中，科技体制实现了包括促进科技与经济高度契合，不断突破创新发展制约瓶颈，革新人才培育发展机制，优化国家创新体系，有机结合经济、社会和科技发展规律，深度参与全球科技创新网络等一系列积极成就。2019年，面对全球新一轮科技革命和产业变革的新形势，世界百年未有之大变局，以及我国经济高质量发展要求，我国继续深化科技体制改革力度，发布《国务院办公厅关于抓好赋予科研机构和人员更大自主权有关文件贯彻落实工作的通知》《科技领域中央与地方财政事权和支出责任划分改革方案》等科技体制改革的大力度政策措施，要求各地区、各部门和各单位赋予科研人员更高的自主权，包括科研管理权限调整、调剂和仪器采购管理权，以及科研人员技术路线决策权等，

明确科研人员兼职及获得科技成果转化收益的权利；在研发创新、创新基地发展建设、人才队伍培养、研发成果转移转化、地区创新体系构建、科技普及、研究机构改革和建设发展等方面，进一步明确划分中央财政和地方财政承担的责任义务，促使中央和地方形成协调配合、有序推进的科技工作机制，正确处理中央与地方、政府与市场的关系，在新时期背景下全面深化科技体制改革，为加快建设世界科技创新强国开拓新的局面。

二、深入推进创新创业，为产业创新发展提供强劲动力

我国大力实施创新驱动发展战略，要求全社会持续积累知识，积极创造和应用，使创新创业成为我国经济发展和社会进步的基本手段，真正形成以企业为主体的“产学研用”创新体系，持续推进各类创新要素重构并转化为新的社会财富和新的就业岗位，“大众创新、万众创业”正是创新驱动发展的核心内容和社会发展的新兴模式。“新常态”下，要依靠创新创业引导新产业、新商业模式和新企业。2019 年，工业和信息化部发布《打造大中小企业融通型和专业资本集聚型创新创业特色载体工作指南》，支持引导创新创业特色载体建设更加专业化和精细化，向实体领域集聚资源，强化引领能力，强化专业化的市场运营手段。打造“龙头企业+孵化”的资源融通体系，在大、中、小企业之间搭建起资源协同、合作共赢的孵化服务平台，在设计研发、中试试验、检测检验、采购管理和营销运营等方面深化融通，引导在孵企业、行业龙头企业找到新的创新发展方式，引入新资源，塑造新动能。加大力度构建“投资+孵化”的资本聚集载体，在专业投资管理机构与中小企业之间构建以资本融通为主要方式的服务平台，为企业孵化提供专业服务，促使各地改变以往重投资、轻服务的运营形式，同时为具备高成长潜力的在孵企业提供股权资金和服务支持，通过专业化服务提高入驻企业的商业发展潜力，同时使企业不断获取和发展自身的品牌影响力，大幅提升经济效益。

三、加强中小企业扶持力度，推动提高创新能力

中小企业是国民经济和社会发展的有生力量，为推动经济发展、产业结构调整、民生需求等方面贡献重要力量。我国一直以来高度重视中小企业的良性发展，不断出台一系列的政策举措，致力于营造良好的市场环境，推动中小企业健康有序发展，为中小企业提供发展动力和保障，为充分发挥中小企业科技创新活力提供保障。2019 年，我国发布了《打造大中小企业融通型

和专业资本集聚型创新创业特色载体工作指南》《关于开展财政支持深化民营和小微企业金融服务综合改革试点城市工作的通知》等重要政策，重点发展小微企业创新创业特色载体，借助大企业市场资源、资金、技术等优势，引入专业运营团队，推进中小企业与大企业融通发展，利用创新创业基地、众创空间、孵化器等，孵化和发展一批创新创业型中小企业，为我国经济发展注入创新活力。同时，中央财政安排每年 20 亿元资金的扶持力度，利用金融信贷、风险补偿、融资担保等方式，围绕民营和中小企业提供资金服务，以地方试点的方式加以推进，力求解决民营企业和小微企业资金紧张、贷款难等问题，解决这些企业发展的后顾之忧，优化这些企业的发展条件，进而解决中小企业技术薄弱、机会不均等一系列问题，切实提升我国中小微企业的创新发展能力。

四、全面推行质量提升举措，扎实推动高质量发展

现阶段，我国经济已经由高速发展阶段转变为高质量发展阶段，为全力推动高质量发展，2019 年，我国从产业供给质量提升、创新创业升级、完善创新环境、改革体制机制等多个方面入手，制定和实施一系列政策举措。在顶层设计方面，发布调整完善后的《全国质量工作部际联席会议制度》，完善由中央组织部、教育部、科技部和工业和信息化部等 23 个部门和单位组成的联席会议制度，由国家市场监督管理总局为牵头单位；设立联席会议办公室，承担联席会议日常工作；每年召开一次全体会议。在对外开放方面，发布《关于支持国家级新区深化改革创新加快推动高质量发展的指导意见》，加大供给侧改革力度，瞄准高质量发展，大力推动国家级经济开发区创新开放、技术创新、体制突破，激发对外经济活力，提高经济发展质量，打造科技创新和产业发展新高地；发布《国务院关于促进综合保税区高水平开放高质量发展的若干意见》，要求综合保税区要对标高质量发展要求，构建政策体系，提升监管效能，建立综合保税区营商配套等综合性的优势竞争力。提升综合保税区创新能力，把综合保税区建设成为具有全球影响力的研发设计、加工制造、物流配送、检测检修、销售服务中心和对外开放新高地。在具体行业方面，发布《促进健康产业高质量发展行动纲要（2019—2022 年）》，以供给侧结构性改革为主线，强化健康产品和服务的供给，争取到 2022 年，形成机构合理的健康产业结构，扩大优质医疗健康资源覆盖范围，增强健康产业融合度和协同性，提升健康产业科技竞争力，为健康产业长足发展夯实基础。

五、加快区域创新高地建设，充分发挥产业引领作用

为深入实施创新驱动发展战略，全面落实国家区域发展总战略，积极发挥地方在区域创新和产业引领方面的重要作用，布局优化发展战略，实施体制机制创新，集聚高端创新资源，全力打造区域创新高地，利用区域创新水平提升推动产业创新发展，2019 年，国家先后发布《关于促进综合保税区高水平开放高质量发展的若干意见》《关于推进国家级经济技术开发区创新提升打造改革开放新高地的意见》《国务院关于印发 6 个新设自由贸易试验区总体方案的通知》等多项政策。一是加快推进新型创新载体建设，支持国家制造业创新中心、国家技术创新中心、国家产业创新中心等研发创新机构在综合保税区发展，发挥综合保税区、自由贸易试验区等资源优势和国际化优势，积极破解体制机制障碍，以科技创新引领产业发展，推进产业跨越升级。二是利用经济技术开发区、高新区等战略区域的辐射带动作用，对于各类创新区域施行分类建设和指导，推动特色产业聚集和融通发展，以创新引领促进产业发展，从而带动经济技术开发区等战略区域升级发展。三是深入建设国家自主创新示范区及全面创新改革试验区域等创新高地，根据不同的区域类型实施符合实际的创新政策，有效汇聚资源，取得一定成果后，在地方乃至全国加快复制和推广。

六、深化科技创新金融体系建设，助力创新驱动发展

企业是实现创新驱动发展的真正主体，金融手段是支持企业创新和产业发展的关键支撑。打造勇于创新创业的大环境，必须有资金的全力支撑。2019 年，为激发企业创新活力，我国继续完善和深化实施重大技术装备保险的补偿机制建设工作，发布《关于进一步深入推进首台（套）重大技术装备保险补偿机制试点工作的通知》，可为以下 3 类重大技术装备产品提供保险补偿，一是当前经济发展和国家重要工程项目急需和符合产业转型升级要求的产品；二是国民经济和社会发展成效突出，环保、节材、节能效应显著的产品；三是处于首次商业化阶段、市场化业绩尚未实现的产品。保险产品应对因质量缺陷引发的退货、更换和修理风险，以及因质量问题引发的用户财务损失或生命伤亡等。除此之外，政府为主导的金融引导作用还有更为广泛的体现，主旨在于建立高质量发展和现代金融之间的良性互动，成为国家或区域高速发展的支撑力量。为积极探索政府、金融机构与企业之间的现代化金融体系，2019 年，国家还发布了《关于开展财政支持深化民营和小微企业金融服务综

合改革试点城市工作的通知》，设置民营和小微企业服务综合改革试点城市，以支持奖励资金的形式，利用中央财政进行扶持，资金规模达到每年 20 亿元，主要用于民营和小微企业的信贷风险补偿/代偿或融资担保。为衡量实施效果，确立试点工作的绩效评价指标体系，为大规模推广应用、推动企业创新和高质量发展奠定基础。随着我国经济发展和改革推进，我国还将进一步深化金融支撑政策，利用灵活的金融手段投资创新企业，扶持科技型潜力企业，真正推动全国及区域全面发展。

七、加强标准体系建设，构建现代产业体系

为提高标准化对我国经济和社会发展的引导和支撑效用，我国高度重视标准化政策体系构建，充分发挥标准化在推动现代产业体系构建和相关产业转型升级中的战略性、基础性作用，大力推进我国标准化体系建设向国际先进水平发展，为全社会的经济发展和产业繁荣提供强有力的支撑保障。2019 年，为落实《关于深化“互联网+先进制造业”发展工业互联网的指导意见》决策部署，作为一段时期内工业互联网标准化工作的指导，改变以往标准重复、交叉、滞后甚至是缺失问题，工业和信息化部联合国家标准化管理委员会制定和发布了《工业互联网综合标准化体系建设指南》，持续进行动态化的完善更新，加速构建融合统一、协同开放的工业互联网标准体系，涵盖基础共性、总体和应用三大类标准，分别定义了网络与连接标准、标识解析标准、边缘计算标准、平台与数据标准、工业 App 标准、安全标准等标准化体系的概念。为真正实现产业应用，我国还制定了安全管理、应用程序安全、平台安全、数据安全、网络安全、控制系统安全及设备安全等标准。《工业互联网综合标准化体系建设指南》还指出，到 2020 年，初步建成工业互联网标准体系，把安全能力评估、工业 App 开发部署、工业微服务、工业大数据、异构标识互操作、边缘设备、网络资源管理和工厂内网等产业发展急用标准，作为重点研制和攻克方向。到 2025 年，制定标准达到 100 项以上，把支撑行业应用的标准体系构建工作作为重点，基本建成开放、综合、统一的工业互联网标准体系，满足工业互联网核心技术、关键产品、精细化管理和应用需要，达到推广标准在企业广泛运用的目的，达到国际先进标准水准或保持同步发展。为实现以上发展目标，《工业互联网综合标准化体系建设指南》还在统筹管理、标准研发、贯彻实施和国际合作等方面提出一系列保障措施，确保工业互联网综合标准化体系建设工作有序开展。

展　望　篇

第十四章

2020年中国工业行业技术创新发展形势展望

当今世界正经历百年未有之大变局，新一轮科技革命和产业变革方兴未艾，展望2020年，中美贸易争端、世界制造业布局调整加剧，新一代网络与通信技术、人工智能与自动驾驶技术、生物技术对社会经济发展产生颠覆性影响，各国纷纷出台科技创新战略计划。提出几点展望：一是加快建立以企业为主体的技术创新体系，推进制造业创新中心建设，培育行业协同创新平台，加强新型基础设施和产业平台建设，建设产业公共服务平台；二是促进政、产、学、研、用、金协同创新，完善协同创新体系，打造供应链创新体系，完善技术成果转化机制，组建新型创新机构；三是进一步优化产业技术创新生态，加快供给侧结构性改革，加大金融支持力度，完善运行机制。

第一节　形势判断

一、各国在工业领域加强科技创新战略布局

2019年，全球科技创新步伐加快，人工智能、数字经济、量子通信、5G、区块链、生物技术等新技术方兴未艾，更短的产品生命周期、颠覆性的商业模式、新的合作战略及全球化的研发和供应链，这些新兴产业和新形式正在重新定义未来的全球竞争格局。世界主要国家之间的关系发生了众多变化，科学技术领域成为各国国力竞争的主战场。美国制定《维持美国在人工智能领域的领导地位》《国家人工智能研究和发展战略计划（2019更新版）》《美国如何领导人工智能：联邦参与制定技术标准和相关工具的计划》《人工智能原则：国防部人工智能应用伦理的若干建议》等一系列促进人工智能产业发展的政策和计划；德国发布《联邦政府人工智能战略要点》《德国国家区

块链战略》等文件，更新此前的《数字化战略 2025》，推动人工智能和区块链技术发展，促进数字化经济推广应用；法国积极计划发布国家研究战略，意图确保法国仍处于科学强国地位；俄罗斯正式实施“科学”国家项目，提升科技创新实力；韩国发布《数据和人工智能经济激活计划（2019—2023 年）》《国家网络安全战略》等文件，支持信息技术和信息安全发展。

二、全球在关键领域技术创新取得突出进展

在新一代网络与通信技术方面，美国在卫星互联网领域遥遥领先，美国太空探索技术公司已经将两批共 120 颗“星链”卫星送入太空。德国在 6G 技术研发中取得突出进展，德国科学家使用超快电光调制器将太赫兹数据信号直接转换为光信号，并将接收器天线直接耦合到光纤，实现了 50Gbps 的传输速率，揭示了纳米光子元件在超快速信号处理方面的巨大潜力。

在人工智能与自动驾驶技术方面，美国英特尔公司的 Pohoiki Beach 神经芯片集成了 1320 亿个晶体管，拥有 800 多万个“神经元”和 80 亿个“突触”，人工智能任务执行速度比传统 CPU 快 1000 倍，能效提高 10000 倍。德国主导建立欧洲数据云“GALA-X”，以确保数据主权，为欧洲人工智能发展提供数据源。韩国研究团队利用光子流动模拟神经元的工作模式，成功开发一种输入值与输出值随着光强变化的非线性超材料，在神经器件上实现了光速神经信号处理。英国持续为自动驾驶汽车上路完善立法，目前，英国已经成为全球首个，也是唯一一个为自动驾驶汽车保险立法的国家。

在生物技术方面，美国在基因编辑技术方面取得突破，美国博德研究所研发的先导编辑技术，可避免 DNA 双链断裂，原则上可以修正 89%的人类已知致病基因变异，未来可期。德国明斯特大学等研制出能有效应对几乎所有人类乳头瘤病毒（HPV）亚型的二代疫苗和防止 HPV 入侵人体细胞的隔离霜。以色列研究人员以病人自身的组织为原材料，3D 打印出全球首颗拥有细胞、血管、心室和心房的“完整”心脏。

三、中国科技创新领域聚力突破共性技术

2019 年，我国科技创新政策主要聚焦在新型研发机构建设、高技术产业创新、科研作风学风建设 3 个方面。

一是在新型研发机构建设方面，2019 年 9 月，科技部印发了《关于促进新型研发机构发展的指导意见》（以下简称《指导意见》），旨在推动新型研

发机构健康、有序发展，提升国家创新体系整体效能。《指导意见》提出，要突出体制机制创新，强化政策引导保障，注重激励约束并举，调动社会各方参与。通过发展新型研发机构，进一步优化科研力量布局，强化产业技术供给，促进科技成果转移转化，推动科技创新和经济社会发展深度融合。

二是在高技术产业创新发展方面，2018 年 12 月，工业和信息化部关于印发《车联网（智能网联汽车）产业发展行动计划》，目的是推动形成深度融合、创新活跃、安全可信、竞争力强的车联网产业新生态。2020 年 2 月，国家发展改革委印发《智能汽车创新发展战略》，提出要构建智能汽车的技术创新体系、产业生态体系、基础设施体系、法规标准体系、产品监管体系及网络安全体系。

三是在科研作风学风建设方面，2019 年 6 月，中共中央办公厅、国务院办公厅印发《关于进一步弘扬科学家精神加强作风和学风建设的意见》，力争在全社会形成尊重知识、崇尚创新、尊重人才、热爱科学、献身科学的浓厚氛围，为建设世界科技强国汇聚磅礴力量。2019 年 8 月，科技部等六部门联合印发《关于促进文化和科技深度融合的指导意见》，目的是促进文化和科技深度融合，全面提升文化科技创新能力。

第二节　对策建议

一、加快建立以企业为主体的技术创新体系

一是推进制造业创新中心建设。加大对制造业创新中心的支持力度，聚焦集成电路、新材料等战略关键领域，继续推进制造业创新中心布局建设，真正构建开放、协同、高效的共性技术研发平台，健全需求为导向、企业为主体、产学研一体化的创新机制。

二是培育行业协同创新平台。鼓励行业协会和产业联盟大力培育行业协同创新平台，组织开展跨行业、跨领域、跨区域的“产学研用”协同创新，促进基础研究、应用研究、产业化相互渗透，提高基础创新能力，加快技术研发、成果转化和工程示范。

三是加强新型基础设施和产业平台建设。重点加强人工智能、工业互联网、物联网、云计算、大数据等数字化基础设施建设，探索跨区域共建共享机制和模式。重点加快工业互联网、能源互联网、车联网、城市物联网、农业物联网等领域新型数字化平台建设。

四是建设产业公共服务平台。发挥产业公共服务平台作用，聚集和培养优秀创新人才，开展高层次学术交流，开展前沿技术追踪、科技统计、战略咨询、测试验证、试验检测等服务。加强制造业重点领域知识产权服务平台建设。

二、促进政、产、学、研、用、金协同创新

一是完善协同创新体系。借鉴国际经验，在基础研究、前沿领域研究、应用研究领域形成分工明确、统筹互补、高效运作的科研体系。

二是打造供应链创新体系。强化重点行业供应链长期布局，提高供应链上下游企业技术水平和竞争实力，打造安全、稳定、可信的供应链创新体系，促进适用技术成果在行业供应链企业之间的转移转化。培育一批系统解决方案供应商，面向行业推广先进、适用的技术标准，推动行业、企业健康发展。

三是完善技术成果转化机制。探索以政府购买服务方式支持共性关键技术研发，鼓励企业购买、转化关键核心技术。建立以市场化机制为核心的成果转移扩散机制。通过孵化企业、种子项目融资等方式，推动科技成果首次商业化应用和产业化。探索采取股权、期权激励和奖励等多种方式，鼓励科技人员积极转化科技成果。

四是组建新型创新机构。鼓励企业以企业研究院、企业实验室为主要载体主导新型研发机构的建设。在集成电路、区块链、物联网、量子科技等具有广阔市场、技术相对成熟的重点领域，鼓励行业龙头企业、高校和科研院所联合组建具有实体法人的新型产业创新机构，以资本为纽带，以项目为抓手，形成成果共享、风险共担，“谁研发、谁受益”的机制，提高联合创新效率和创新积极性。

三、进一步优化产业技术创新生态

一是加快供给侧结构性改革。改革以项目直接拨款为主的科技经费支持方式，减少对企业点对点的资金支持，建立以基金等金融手段支持研发和产业化的财政支持机制。加大研发费用加计扣除等普惠性政策的支持力度，取消不必要的行业或领域限制。全面提升财税优惠政策的系统性，对有良好外部性的创新产品实行后补贴和需求侧支持。取消固定资产费用化折旧限额，提高企业固定资产折旧优惠政策的灵活性。完善政府采购、首台（套）、保险补偿等机制，降低新产品、新技术应用风险和门槛。推进创新政策在有条

件的地区先行先试、落实落地、应享尽享。营造一视同仁、公平竞争、稳定透明、法治化、可预期的投资和创新环境，吸引全球高端创新资源。

二是加大金融支持力度。支持发展创投、风投等基金，鼓励金融机构提高支持企业创新的中长期贷款比例。鼓励企业在科创版上市。鼓励发展风险投资、信息服务、技术交易、人才服务、并购融资等创新服务企业。鼓励第三方机构结合新技术、新业态、新模式发展，及时修订和发布技术改造升级投资指南。

三是完善运行机制。借鉴国家科技重大专项经验，在关键核心技术领域建立国家科技宏观决策机制；在资源配置中建立跨领域、跨部门统筹机制，以及多元融资机制；在项目攻关中探索高效研发组织机制、完善责任机制；在事中和事后建立合理绩效评价机制；建立与国际规则和市场机制接轨的政府采购政策等。审慎监管新业态、新技术、新模式，推进技术创新权利公平、机会公平、规则公平。

第十五章

2020 年中国工业质量发展形势展望

2020 年是“十三五”规划收官之年，也是实现第一个百年目标决胜之年，更是“十四五”规划布局之年。虽然 2020 年年初的新型冠状病毒肺炎疫情，对我国工业效率短期内起到一定阻碍作用，但工业质量长期发展态势依然缓中趋稳。同时，随着国内外竞争加剧，党中央、国务院和有关部门发布多项政策措施，满足人民日益增长的美好生活需要，以及应对发展中国家和发达国家的两端夹击。我国将进一步深入贯彻高质量发展理念，践行制造强国、质量强国战略，工业质量将愈发受到各界的广泛重视。此外，物联网、大数据、人工智能、区块链、第五代通信技术等新一代信息技术的迅猛发展将加速我国工业质量提升。

第一节　形势判断

一、工业效率在短期内将受到较大冲击，长期发展态势依然缓中趋稳

2019 年，在内外部风险挑战明显上升的情况下，我国规模以上工业增加值同比增长 5.7%，处于预期目标 5.5%～6.0%的中位，工业经济运行保持在合理区间，总体保持平稳运行态势。特别是 2019 年 12 月，全国规模以上工业增加值同比增长 6.9%，比 11 月加快 0.7 个百分点，环比增长 0.58%。[①]2019

① 中国网：《国家统计局：全年全国规模以上工业增加值同比增长 5.7%》，2010 年 1 月 17 日，http://news.china.com.cn/txt/2020-01/17/content_75623684.htm。

年，多数行业保持了平稳增长，在 41 个工业大类的行业当中，有 20 个行业的增加值增速同比回升；[①]高技术制造业增加值增速达 8.8%，增速快于规模以上工业 3.1 个百分点，新动能支撑作用不断增强。[②]同时，工业企业效益呈现结构性改善，高技术制造业和战略性新兴产业利润比 2018 年分别增长 4.8%和 3.0%，私营企业和小型企业利润比 2018 年分别增长 2.2%和 5.0%，呈现稳定增长态势。[③]

2020 年，工业质量发展面临的内外环境依然复杂，工业下行压力加大，特别在第一季度，受新型冠状病毒肺炎疫情的影响，企业生产、经营困难等问题突出，对中小企业的影响尤为显著，工业效率在短期内将受到较大冲击。为帮助中小企业复工复产，保障工业经济平稳发展，工业和信息化部发布《关于应对新型冠状病毒肺炎疫情帮助中小企业复工复产共渡难关有关工作的通知》《关于运用新一代信息技术支撑服务疫情防控和复工复产工作的通知》等，并陆续选派 60 名驻企特派员，帮助企业解决复工复产遇到的实际困难，增加有效供给。北京市、上海市、辽宁省、黑龙江省、广东省、湖南省、重庆市、山东省等多地陆续出台政策措施支持中小企业复工复产、平稳健康发展。

二、国内外竞争加剧，对工业质量的重视程度将愈加显著

近年来，国内外竞争加剧。在国内市场，消费升级趋势明显，高性能、高附加值、个性化、差异化的中高端产品供给相对不足，中高端购买力通过“海淘”、境外消费等形式外流，因此我国亟须提高产品和服务质量，提升中高端产品和服务有效供给水平，满足人民日益增长的美好生活需要。而在国际市场，一方面，由于我国人口红利正逐渐消失，低端制造向东南亚、南亚等低成本发展中国家转移；另一方面，发达国家牢牢占据产业价值链高端环节，在全球产业分工中占据优势地位，且在质量声誉上具备固有优势，这导

① 中国网：《工信部：2019 年全国规模以上工业增加值同比增长 5.7%》，2020 年 1 月 20 日，https://finance.sina.com.cn/china/gncj/2020-01-20/doc-iihnzhha3629353.shtml。

② 新华社：《工信部：2019 年高技术制造业增加值同比增长 8.8%》，2020 年 1 月 20 日，https://baijiahao.baidu.com/s?id=1656238102812855513&wfr=spider&for=pc。

③ 国家统计局：《国家统计局工业司高级统计师朱虹解读工业企业利润数据》，http://www.stats.gov.cn/tjsj/sjjd/202002/t20200203_1724854.html。

致我国工业受到发展中国家和发达国家两端夹击。为打破这一局面，我国只有通过技术革新手段提升制造效率，在同样的成本下，提供更优质的产品和服务；同时加快转型升级步伐，推动我国工业向全球价值链高端发展。

近年来，围绕推动高质量发展，十九大报告提出推动经济发展质量变革、效率变革、动力变革的重大决策。2019 年政府工作报告提出，要推动标准与国际先进水平对接，提升产品和服务品质，让更多国内外用户选择中国制造、中国服务。[①]同时，中央政府发布多个文件，推动高质量发展，促进经济发展进入质量时代。2019 年，工业和信息化部先后发布《关于做好 2019 年工业质量品牌建设工作的通知》《关于促进制造业产品和服务质量提升的实施意见》等政策措施，促进“中国速度”向“中国质量”转变，加快高质量发展步伐。

综上，2020 年，面对国内外激烈竞争环境，我国将进一步深入贯彻高质量发展理念，践行制造强国、质量强国战略，工业质量将愈发受到各界的广泛重视。

三、新一代信息技术发展迅猛，科技创新将助力工业质量快速提升

当前，以物联网、大数据、人工智能、区块链、第五代通信技术等为代表的新一代信息技术加速突破应用，带动几乎所有领域产业向数字化、网络化、智能化、绿色化发展，科技创新对工业质量提升的驱动作用加强。新材料、新技术、新工艺、新设计在工业领域的广泛应用，促进产品质量提升。物联网、人工智能和大数据等技术赋能传统制造业，生产模式向定制化、个性化、柔性化发展，提高产品质量与服务。追溯技术、区块链技术的逐步应用，进一步保障产品质量安全。

在数字化背景下，质量管理也正在向更加精益化、零缺陷化发展。据国家统计局统计，2018 年，全国共投入研究与试验发展（R&D）经费 19677.9 亿元，比 2017 年增加 2071.8 亿元，增长 11.8%；研究与试验发展（R&D）经费投入强度（与国内生产总值之比）为 2.19%，比 2017 年提高 0.04 个百

① 新华社：《政府工作报告》，2019 年 3 月 16 日，http://www.gov.cn/guowuyuan/2019-03/16/content_5374314.htm。

分点。[①]截至 2019 年年底，我国已经建成 13 家国家级制造业创新中心，各地认定了 107 家省级制造业创新中心，基本建成了两级创新中心的制造业创新网络。

因此，2020 年，在新一代信息技术强势发展和高度重视科技创新的良好氛围下，新一代信息技术将与工业质量发展相关因素进一步深度融合，科技创新将助力工业质量快速提升。

第二节　对策建议

一、提高工业质量意识

一是明确企业法定代表人或主要负责人对质量的首要责任，鼓励企业建立质量责任追溯制度，依法承担质量损害赔偿责任，履行缺陷产品召回等法定义务。二是建议企业将质量意识融入现代工业生产与管理实践中，制定质量品牌长期发展目标，推广六西格玛管理、卓越绩效模式、可靠性设计、精益生产、过程控制、质量追溯等先进的质量管理方法和工具，同时顺应制造业数字化、网络化、智能化发展趋势，逐步引入数字化质量管理、智能质量管理、供应链质量管理。三是培育精益求精的质量文化，健全企业质量管理体系，强化员工质量意识，树立质量为先的经营理念，大力弘扬工匠精神和优秀企业家精神。

二、发挥科技创新促进作用

一是充分发挥新一代信息技术优化整合要素资源的优势，加快推进其在工业生产制造、研发设计、消费流通等领域的深度应用，带动产品、技术、工艺、模式创新，提高供给质量和效率。二是引导企业积极采用新材料、新工艺、新技术，提高产品稳定性、可靠性、适用性及可追溯性，同时鼓励开展柔性生产，满足差异化需求，提升服务质量。三是依托大数据、区块链等技术，升级质量追溯能力，提高质量安全监管透明性，助力质量安全诚信体系建设。

---

① 国家统计局:《2018 年全国科技经费投入统计公报》,2019 年 8 月 30 日，http://www.stats.gov.cn/tjsj/zxfb/201908/t20190830_1694746.html。

三、夯实工业质量服务支撑

一是加强标准引领，严格监督实施国家强制性标准，确保质量安全；鼓励发展团体标准，拉高质量标准；同时加强国际标准跟踪、评估和转化，引领行业高质量发展，特别是在新兴产业领域，要以高标准规划产业质量布局，防止落入“低质发展”陷阱。二是发挥国家、省级制造业创新中心作用，开展关键共性技术攻关，促进科技成果转化，提高企业质量技术水平。三是加快质量诊断、检测认证、标准验证、知识产权等相关服务机构发展，充分发挥计量、标准、检测和认证在工业质量发展中的支撑作用。四是强化人才保障，健全多层次工业质量人才培养体系，培养产业领军人才、高层次技术人才、质量管理人才、高级技术工人，同时引进海外人才，共同支撑工业高质量发展。

四、优化工业质量发展环境

一是进一步贯彻落实党中央、国务院关于质量工作的决策部署，大力实施质量强国战略，促进工业质量提升工作纵深发展，实施普惠性质量政策，引导地方制定区域质量提升计划，引导行业协会等制定行业质量提升方案，形成工业质量发展合力。二是建立市场主导、行业应用、平台支撑、监管有效的质量分级制度，制定质量分级标准，开展质量分级评价，推进重点领域示范应用，营造优质优价的市场环境。三是加强质量诚信体系建设，完善质量信用信息收集与发布，推进惩罚性赔偿制度实施，大幅提高企业质量违法成本。

第十六章

2020 年中国工业品牌发展形势展望

科技革命将会持续洗牌世界品牌格局，使引领科技变革潮流的新兴品牌对原有的品牌格局发起冲击；同时，科技能够助力企业转型升级，我国有望培育一批新兴品牌。我国部分发达省市已经进入区域品牌建设的新阶段，浙江省、上海市、山东省在区域品牌建设上的成效为其他地区树立了标杆，正在带动其他地区着力培育区域品牌，未来，欠发达地区的区域品牌培育工作将会呈现“全面开花”的景象。消费者对于商品的需求不再停留在使用价值上，而是更加关注产品背后的新鲜感、性价比，甚至美学价值、文化内涵等；年轻一代消费群体的崛起促使企业更加注重品牌内涵，未来，众多传统的大众品牌由于长期形成的“刻板印象”，在市场竞争中很可能处于被动，而新兴品牌则更有机会抓住年轻消费群体突出重围。

第一节　形势判断

一、新一轮科技革命将持续洗牌世界品牌格局

科技革命将会持续对多个行业的品牌格局产生影响，目前这一趋势已经在汽车行业显现。汽车行业是传统工业的象征，随着智能技术的飞速发展，汽车行业正经历前所未有的变革。特斯拉的崛起是新兴品牌洗牌传统品牌格局的典型事例。特斯拉成立于 2003 年，目前其市值已经位居全球汽车厂商第二，仅次于丰田汽车。特斯拉之所以能够超越奔驰、宝马等百年车企，原因在于其引领了智能驾驶的潮流。在我国，对于吉利、长城、比亚迪等自主品牌汽车企业来说，汽车“电动化、智能化、网联化、共享化”时代的来临，是自身转型发展的重要机遇，也是中国品牌跻身世界汽车品牌前列的契机。

另外，造车新势力（如蔚来汽车、小鹏汽车、威马汽车等）也同样显示了科技对于品牌格局的影响。

科技发展将会助力企业转型升级，未来我国将有望培育出一批新兴品牌。拼多多发起的“新品牌计划”就顺应了这一发展趋势。在我国，经过了 40 余年的改革开放，有大量为国际品牌代工的企业，尽管具备制造能力，但是始终在自主品牌建设上难以突破。2018 年 12 月，电商平台拼多多推出“新品牌计划”，致力于帮助众多企业从为国际品牌代工转向建立自主品牌。拼多多创立于 2015 年，在不到 4 年的时间中从竞争激烈的市场中脱颖而出，其核心竞争力在于模式与技术创新。通过大数据支持、生产线改造，解决企业建立自主品牌中面临的如订单稀缺、不了解消费者需求等问题，依靠海量数据，帮助企业以需定产，降低研发投入的不确定性，用稳定的订单支持企业持续建立自主品牌。

二、区域品牌建设将会在欠发达地区“全面开花”

我国多个省市在数年前已经提出了“品牌兴省”“品牌兴市”战略，近年来，部分发达省市的品牌建设的工作进入新阶段。例如，2006 年，浙江省提出建设“品牌大省”的战略目标；2006 年，上海市推出“质量兴市”活动；2008 年，山东省提出“质量兴省、品牌带动”战略；2014 年，浙江省率先启动以“品字标”为形象的“浙江制造”区域品牌建设；2018 年，上海市推出“上海品牌”认证，山东省推出“泰山品质”认证。浙江省、上海市、山东省作为我国经济发达的省市，也是区域品牌建设工作的“排头兵”。但是，与此同时，国内欠发达的省份的品牌建设工作大多围绕在“农林土特优”等产品的品牌化，缺少对工业品牌的培育。例如，山西省在 2017 年开始打造“山西小米”区域公共品牌，对于工业品牌的建设力度不足；青海省的区域品牌建设围绕农牧业、文化旅游业，缺乏对于工业领域（如新能源产业、锂产业等）品牌建设的关注。

浙江省、上海市、山东省在区域品牌建设上的成效为其他省份树立了标杆，正在带动其他省份着力培育区域品牌。例如，2019 年，西安市开始着力发展西安市区域品牌，发布西安市地方标准《区域品牌培育管理体系建设规范》，山西省举办首届区域公用品牌建设研讨会，围绕代县黄酒、清徐醋等品牌建设进行分享和经验交流。可以预见，未来一段时间内，全国欠发达地区将会加快追赶步伐，着力打造区域品牌。

三、消费升级、“Z 世代”要求企业品牌内涵更加丰富

当前消费对于经济的推动作用进一步增强，国内市场持续呈现消费升级的趋势。消费者对于商品的需求不再停留在使用价值，而是更加关注产品背后的新鲜感、性价比，甚至美学价值、文化内涵等。消费者正从价格消费升级为价值消费。近几年，“双 11”网络购物节已经从原本的价格促销，转向文艺营销，消费者从以往的短期囤货开始更加注重长期的品牌认同。

“Z 世代”（“95 后”—“00 后”）正在崛起，其品牌观念与以往有很大不同，典型特征如偏爱原创小众品牌、消费场景依赖社交圈层等。作为新生代消费群体，“Z 世代”正在改变企业对于品牌内涵的定义。可以预见，在新的消费时尚下，未来众多传统的大众品牌由于长期形成的“刻板印象”，在市场竞争中很可能处于被动，而新兴品牌则更有机会抓住年轻消费群体突出重围。

第二节　对策建议

一、系统推进“中国制造”国家品牌战略

一是建立和规范“中国制造”的使用原则。借鉴“瑞士制造”“德国制造”“法国制造”等做法，建立形成一套国家品牌标识使用原则，如规定产品在本国生产其成本或原料使用的比例要求。

二是打造“中国制造”相关的质量支撑体系，包括认证认可标准管理体系、质量监管体系、职业教育体系等。发挥认证认可管理体系“拉高线”的作用；加强全面质量监管，突出立法先行；开展全员质量素质教育行动，加大质量管理专业人才教育。

三是与文化、旅游等部门联合宣传“中国制造”的正面形象。世界各国都陆续推出国家品牌，例如，2015 年，韩国投入了 35 亿韩元实施国家品牌打造计划，于 2016 年发布了新的国家品牌“Creative Korea（创意韩国）”，取代 2002 年世界杯期间“Dynamic Korea（活力韩国）”的国家品牌，强调“创意”的内涵。

二、持续打造特色区域品牌

一是总结和推广先进区域产品质量认证品牌的经验。目前，国内已有多

个针对省市内高端产品和服务的区域认证品牌，如“浙江制造”“广东优质”“泰山品质”“武汉名品”“上海品牌”“深圳标准”等。总结这些区域产品质量认证品牌的打造经验，对于其他省市具有借鉴意义。

二是强化产业集群区域品牌建设，推动传统产业集群转型升级。随着各种要素成本上升、国际贸易的不确定性加剧，传统产业集群面临着洗牌风险，大量以手工作坊和家族式经营的中小企业面临淘汰出局的风险。通过加强产业集群区域品牌建设，可以凝聚产业集群内部产业链上下游的合力，使得各个环节的企业从品牌效应中受益。

三是以京津冀协同发展、粤港澳大湾区建设、长三角区域一体化建设为契机，努力打造世界级新兴产业集群。自 2019 年，我国围绕人工智能、生物医药、智能制造、数字经济等领域，超前布局未来前沿产业，培育一批百亿级、千亿级甚至万亿级产业。培育壮大新动能将会催生万亿级的新兴产业集群。应抓住这一历史机遇，引领企业在基础研究、市场应用环节上进行重点突破、协同发展，共同创建世界级新兴产业集群区域品牌。

三、创新推进企业品牌建设

一是重视技术创新，奠定品牌建设的基石。技术是品牌的内核，应该紧紧抓住新一轮科技革命的重要机会，重视企业的技术研发，树立技术创新思维，打造品牌优势。

二是创新营销手段，培养数字化营销能力。建立横跨媒体、内容、社交平台、电商等平台的数字化营销能力，是企业未来持续发展的关键。借助人工智能、大数据等手段可以更好地洞察消费者需求，更加精准地提供差异化、个性化的服务，提升品牌营销的效率。

三是构建品牌生态圈，连接和整合多方资源。2019 年，跨界营销成为企业品牌建设的一个潮流。品牌跨界合作有助于打通合作双方的用户群，形成品牌价值的合力；还能引爆市场话题，树立品牌年轻化，提升品牌关注度。如何形成跨界合作的能力、构建品牌的生态圈，是对企业品牌建设提出的新挑战。

后　　记

《2019—2020 年中国工业技术创新发展蓝皮书》专注于中国工业在技术创新及质量品牌等方面取得的进展与成就，在对工业技术创新最新发展状况、工业技术创新发展政策环境、工业技术创新发展形势科学预判的基础上，历时数月，经多次修订和完善之后完成。在本书的研究和编写过程中，得到了工业和信息化部科技司的指导、相关行业专家的帮助，在此一并表示诚挚感谢。

本书由王鹏担任主编，何颖、曹方担任副主编。全书的编纂与编稿由何颖、曹方负责。同时，全书由综合篇、行业篇、地方篇、政策篇、展望篇共 5 篇内容组成。

综合篇：宋亮负责统稿。其中，第一章、第二章由宋亮、张百茵、付清芬撰写；第三章由李赜撰写。

行业篇：石敏杰负责统稿。其中，第四章由姬少宇撰写；第五章由石敏杰撰写；第六章由朱嘉心撰写；第七章由王凡撰写。

地方篇：陈娟负责统稿。其中，第八章、第九章由李志彤撰写；第十章、第十一章由闫颖撰写。

政策篇：何颖负责统稿。其中，第十二章由张原撰写；第十三章由郭英撰写。

展望篇：宋亮负责统稿。其中，第十四章由宋亮撰写；第十五章由张百茵撰写；第十六章由付清芬撰写。

由于时间仓促，加上受 2020 年新型冠状病毒肺炎疫情影响，很多调研工作受到影响，书中难免有疏漏和不妥之处，欢迎并期盼各界专家、学者提出宝贵意见和建议，促进我们进一步提高研究水平，让“中国工业技术创新发展蓝皮书”逐渐成为客观记录与全面反映我国工业技术创新领域前进步伐的精品专著。